서양의학의 역사

차례
Contents

서양의학의 뿌리

이집트 의학

펠로폰네소스 전쟁사를 쓴 헤로도투스에 따르면 이집트 의사들은 눈, 치아, 두부, 창자, 내장의 질병 등 각 분야로 전문화되어 있었다. 또 의사의 신인 토트의 의학 책에 씌어 있는 방법으로 치료했는데, 만일 그대로 하지 않아서 환자가 죽을 경우에는 중범죄로 다스렸다고 한다. 그로부터 1세기 뒤에 쓰인 아리스토텔레스의 『정치학』에는 이집트 의사들은 나흘 동안 치료한 뒤에도 환자가 낫지 않으면 치료법을 바꿀 수 있었다는 언급이 있다.

일반적으로 이집트의 의학은 바빌로니아보다 발전했는데,

기원전 2700년 무렵의 비석에 새겨진 상형문자에 의사와 치과의사에 관한 대목이 나와 있다. 이집트에서는 사제가 의사의 노릇을 했는데, 그들은 심장이 생명의 중심, 항문이 질병의 중심이라고 생각했으며, 주문과 기도로 치료했고, 의학과 초자연적인 것을 구분하지 못했다.

이집트 최초의 의사로 알려진 임호텝은 기원전 2600년 무렵 이집트의 대신이었으며, 최초의 피라미드를 건설한 건축가이기도 했다. 시인이며 정치가이자 의사인 그의 이름은 '평화롭게 걷는 사람'이라는 뜻인데, 죽은 뒤에는 의학의 신으로 숭상되었다. 그는 환자를 성전에서 재우면 초자연적인 힘이 병을 걷어 간다는 '신전수면요법'으로 환자를 치료했다. 이것이 역사상 최초의 체계적 의학이라 할 수 있으며, 경험칙經驗則으로 병을 고친 최초의 의료였다.

이집트 의학은 19세기 말에 발견된 의학 파피루스들을 연구하면서 밝혀졌다. 이집트인들은 500가지 이상의 물질을 제조해 876종류의 처방을 기록으로 남길 정도로 약물 치료에 관심이 많았다. 하지만 후일 히포크라테스 시대에 나타난 치료법인 식이요법이나 방혈법에 관한 기록은 없다. 그들은 종교적 이유에서 청결을 강조했고, 장의葬儀 풍습에 따라 수많은 미라를 만들었으나 인체해부학 지식은 아주 빈약했다. 이집트 의사들은 모든 물질이 땅, 물, 불, 공기 이렇게 네 가지로 이루어져 있다는 4원소 개념을 발전시켰다. 의료 종사자가 따로 있었으며, 궁정에서 일한 의사들은 상류 성직자 계급에 속했다.

히포크라테스 선서의 내용이 고대 이집트 의사들의 윤리개념과 비슷한 점이 많은 것으로 보아 히포크라테스 이전의 그리스 의학은 이집트의 영향을 많이 받았다고 볼 수 있다. 오늘날 화학이라는 뜻인 그리스어 케미chemi는 검은 땅(black land)이라는 뜻으로 고대 이집트를 가리키는 말이었다. 또한 그리스에서는 과학(science)을 블랙 아트black art라고 부를 정도로 고대에는 이집트의 문화가 앞서 있었다. 그러나 세월이 흐르면서 이집트 의학은 정체되거나 퇴보했고, 알렉산드리아 시대에 이르러서는 오히려 이집트의 의사들이 그리스의 의학교에서 공부했다.

바빌로니아 의학

메소포타미아 문명이 인류에게 가장 크게 기여한 점은 문자를 발명한 것이다. 그들은 의학 분야에서도 구전口傳을 적은 많은 점토판을 남겼다. 지금의 바빌로니아 의학에 관한 지식은 대부분 발굴된 점토판에서 밝혀진 것이다.

한편 기원전 3000년 무렵 수메르 제국의 의사가 사용한 도장이나 함무라비 법전의 문장에서 당시 의료 상황을 추측할 수 있다. 함무라비 법전은 기원전 약 2250년에 만든 세계에서 가장 오래된 법전으로 수메르인의 법전에 뿌리를 두고 있다. 함무라비 법전에는 '농양을 찢어 눈이 나으면 은 10세켈을 받고, 환자가 노예일 경우는 주인에게 2세켈을 받는다. 그러나

환자를 죽게 하거나 눈이 멀게 만들면 의사의 두 손을 자른다'
는 눈 주위에 생긴 농양 치료 기술이 나와 있다. 당시 숙련된
기술자의 하루 일당이 50분의 1세켈이었으므로 의료수가가
아주 높은 편이었음을 알 수 있다. 또 이 부분은 역사상 최초
의 의료 과실에 관한 배상 및 처벌에 관한 규정이다. 처벌이
가혹한 것은 '이에는 이, 눈에는 눈'으로 상대의 손해를 보상
한다는 상해에 대한 처벌 규정과 형평을 이루고 있기 때문이
다. 그 밖에도 이 법전에는 소나 나귀를 치료하는 의사, 즉 수
의사의 존재도 언급하고 있는데, 이미 의사의 전문화가 이루
어져 있었음을 추측할 수 있다.

바빌로니아 사람들은 터부를 범하거나 죄를 지어 불결한
상태를 질병이라고 생각했다. 질병은 신이 죄를 지은 인간을
벌주기 위해 인간을 수호하는 일을 멈춘 상태라고 여겼다. 점
성술, 동물 간肝의 형태, 꿈, 기형 동물의 출생 따위로 질병을
진단하고 예후를 추측했다. 또 주로 부적을 써서 질병을 예방
하고, 기도와 주문으로 치료했다. 의사들은 환자의 얼굴 표정
이나 소변, 침, 혈관을 절개했을 때 나오는 피 색깔을 보고 내
장 상태를 짐작했다. 특히 간이 피의 원천이며 영혼의 중심이
라고 믿었기 때문에 동물을 죽여 간의 상태를 살펴봄으로써
질병을 진단했다. 또한 진흙으로 동물의 간 모형을 만들어 의
사들을 교육할 때 사용했다.

바빌로니아 의학서에는 간, 눈, 호흡기, 열병, 임질, 야맹증,
중이염, 신장 결석, 뇌졸중, 옴 등에 대해 기록해 놓았다. 이것

을 보면 바빌로니아 의학은 상당한 의학 지식이 축적되어 있었던 것을 알 수 있다. 아편 따위의 약물을 사용한 처방전도 있었다.

당시 하수도, 수세식 화장실이 있었던 것으로 보아 위생이 청결했던 것으로 보인다. 또한 나병 환자를 격리한 기록도 남아 있는데, 이미 전염에 관한 개념이 있었던 것을 알 수 있다. 오늘날의 정기휴일의 개념도 그들에게서 유래해 나중에 유대인들에게 전해졌다.

바빌로니아에는 귀족, 서민, 노예 계급으로 신분이 나뉘어져 있었으며, 의사, 마법사, 점쟁이, 외과의들이 모두 귀족계급인 성직자계급에 속했다.

그리스 의학

고대 문명의 의료 중에서는 그리스 의학이 현대 의학과 가장 가까운 성격을 가진 의학이었다. 현재 사용하고 있는 수많은 그리스어로 된 의학 용어는 현대 의학에 끼친 그리스 의학의 영향을 잘 말해준다.

그리스인들은 기원전 7세기 무렵부터 질병을 초자연적인 현상으로 생각하지 않고 자연적, 과학적, 논리적으로 관찰하고 접근했다. 기원전 1000년 무렵에 쓰인 호머의 기록에 따르면, 그리스 의사는 인간에게 중요한 건강을 다루었기 때문에 기술자 중에서 가장 존경을 받았다고 한다. 이 시기의 의사는 이미 신전의 신관과 완전히 분리되어 있었다. 그러나 초기 그리스 의학에서는 아폴로나 기원전 5세기에 신격화된 아스클레피오스와 같은 의신醫神을 믿었으며, 신전수면요법을 사용하는 등 아직 종교성이 완전히 배제되지 않은 부분도 있었다.

그리스 고전 의학파에는 다음과 같은 학파가 있다. 기원전 7세기 무렵에는 진단과 분류를 발달시켰으며, 적극적인 국부 처치를 시행한 것으로 알려진 크니두스 학파가 있었다. 기원전 6세기 무렵에는 예후와 일반적 처치를 중요하게 생각했고 뒷날 히포크라테스를 배출한 코스 학파가 나타났다. 기원전 5세기에 남부 이탈리아를 중심으로 철학적이고 이론적 과학으로서의 의학을 가르친 피타고라스 학파 등이 있었다. 당시 의학파는 오늘날 학교 같은 확립된 의학 교육 체제가 아니라 비슷한 의학 전통을 가진 의사들의 집단을 일컫는다. 의사는 도제를 받아 자신의 지식과 기술을 가르쳤다.

그리스의 의학은 철학의 영향을 많이 받았다. 피타고라스는 숫자의 상징적 의미에 관련된 병인론을 주장했다. 피타고라스 학파인 엠페도클레스는 물, 불, 공기, 흙의 4원소와 열, 냉, 건, 습의 4체액, 그리고 심장에서 만들어지는 혈액, 뇌에서 만들어지는 점액, 간에서 만들어지는 황담즙, 비장에서 만들어지는 흑담즙의 네 가지 특성을 주장했다. 이들은 의학에 큰 영향을 미친 자연철학자들이었다. 엠페도클레스의 학설은 히포크라테스학파, 아리스토텔레스, 갈렌이 발전시켜 중세 의학에까지 영향을 미쳤으며, 방혈放血, 구토 같은 배출법의 이론적 뒷받

침이 되었다.

히포크라테스 이전의 그리스 의학에서 빼놓을 수 없는 의학자로 크로톤의 철학자이며 의사인 알크메온이 있다. 그는 질병이란 신체 구성 요소들의 균형이 깨진 결과라고 주장했다. 해부학과 발생학을 연구했고 시신경, 동맥과 정맥, 기관氣管(trachea)을 설명했으며, 뇌가 인간 활동의 중심이 되는 기관이라고 주장했다.

그리스 의학과 히포크라테스 학파

임상 관찰을 토대로 하는 그리스 의학의 중심 역할을 한 사람은 코스 출신 의사인 히포크라테스였다. 아스클레피아드 가문에 속해 있었던 것으로 추측되며, 기원전 460년에 태어나 370년 무렵에 죽은 것으로 알려진 히포크라테스는 그리스의 전성기였던 살라미스 해전과 펠로폰네소스 전쟁 사이에 활약했다. 그의 업적을 집대성한 『히포크라테스 전집』은 기원전 3세기 알렉산드리아에서 편집된 50~70권에 달하는 의학 전집으로 기원전 480년에서 380년 사이에 여러 사람이 집필했다.

『히포크라테스 전집』에 나타나 있는 의학은 질병에 대한 자연주의적 접근을 중요하게 생각한다. 질병을 관찰하는 것을 강조하되 질병 원인을 다룬 이론보다는 치료에 필요한 증상과 경과를 관찰하는 것을 중요하게 여겼다. 그러나 이들은 질병과 해부학적 변화를 관련지어 생각하지도 않았고, 오늘날과 같은 의미의 진단도 하지 않았다. 또 질병을 급성병과 만성병, 전염병과 풍토병으로만 분류했으므로 폐렴, 결핵, 산욕열, 탄저병, 볼거리, 말라리아와 같은 급성병에 관한 기술이 많지만 병명이 붙어 있는 질병이 거의 없는 점이 특징이다.

이들은 대부분의 만성병은 급성병의 후유증이라고 생각했다. 히포크라테스 학파는 진단할 때 주로 시각과 촉각을 사용했고, 후각과 청각도 동원했으나 진단보다는 치료와 예후에 더 흥미를 가지고 있었다. 즉, 질병 자체보다는 환자 전체에 관심을 두었는데 당시에는 병의 향후 경과를 잘 예언해 사회에서 신뢰를 얻는 것이 중요했기 때문이었다. 그들은 인간에게 병을 스스로 치료하는 힘이 있다고 생각했으며, 치료는 자연치유력을 도와주는 것이라는 이론을 뒷받침하는 식이요법을 주로 시행했다. 식이요법이 실패했을 때는 약제를 사용했으며, 수술은 가장 마지막에 하는 보조수단이었다.

히포크라테스 학파의 이론에 따르면, 건강이란 4체액이 조화를 이룬 상태를 뜻한다. 질병은 이들의 균형이 깨졌을 때 나타나며, 잘못된 체액의 균형은 자연스럽게 회복하거나 지나치게 많아진 체액이 정해진 시간에 배설되면 병이 낫는다고 생각했다. 이러한 관점은 엠페도클레스와 피타고라스에게서 영향을 받았다. 그들은 의사의 윤리, 친절, 권위, 기능, 청결 등을 강조했으며, 불치병에 걸린 환자는 거절하는 것이 기술자의 관점에서 윤리적인 것이었다.

히포크라테스

소라누스에 따르면, 히포크라테스는 코스의 아스클레피아드파의 의사인 헤라클리데스와 어머니 페나레테 사이에서 태어났다. 어려서는 아버지에게 배우고, 자라서는 의사 헤로디쿠스, 소피스트 고르기아스, 철학자 데미크리토스에게 배웠다. 그는 마케도니아의 왕 페르디카스가 앓고 있던 폐병이 정신적인 원인 때문이라는 것을 알아맞혀 유명해졌다. 히포크라테스는 꿈에 테살리아(그리스 본토)로 가라는 계시를 받고 길을 떠나 그리스 전국을 무대로 의료 활동을 하며 일생을 보냈다. 히포크라테스는 테살리아에서 죽었는데, 기르톤과 라리사 사이에 묻혔다.

히포크라테스를 최초로 의학의 아버지라고 부른 것은 플라톤이다. 플라톤은 그를 '의학도를 전문적으로 훈련시킨 사람'이라고 말했다. 히포크라테스는 기원전 460년에 태어나 85살 또는 109살까지 살았다고 한다.

히포크라테스 선서는 히포크라테스 학파에서 제자들에게 전통으로 강조한 것이라고 하지만 실제로 어디서 어떻게 기원했는지는 알려져 있지 않다. 기원전 5세기에서 기원후 1세기 사이에 만들어진 듯하다. 선서는 장인과 도제 간의 계약서와 같은 내용을 담고 있는데, 중세까지 이 용도로 사용한 것 같다. 많은 학자들은 아스클레피아드 학파에 가입하는 의사에게 요구한 서약이 바로 이 선서였을 것으로 추측하고 있다.

그리스 의사들

　그리스 의사 대부분은 기본으로 기술자로서 도제교육을 받았지만 철학과 수사학의 소양도 갖추고 있었다. 이들은 떠돌아다니며 환자를 치료했는데, 여행하다가 한 곳에 거처를 정하고 진료를 하다 또 다른 곳으로 옮겨가곤 했다. 의사는 환자에게 병의 상황이나 경과를 이야기하지 않았고, 환자가 다 나을 때까지 돈을 받을 수 없었으며, 진찰을 여러 번 한다고 돈을 더 받지도 못했다. 때로는 환자를 무료로 치료해주기도 했다. 특히 급병에 걸린 환자를 위해서라도 치료비에 대해 이야기하지 않았다. 가난한 사람은 의사가 데리고 다니던 조수나 노예에게 치료를 받았다고 한다.

아리스토텔레스

　고대 그리스의 철학자인 아리스토텔레스는 철학, 정치학, 윤리학, 물리학, 천문학, 기상학, 심리학, 박물학, 생물학 등 광범위한 분야에 걸쳐 150여 편의 책을 썼다.
　그는 그리스의 자연철학자들과 다르게 자연을 과학적으로 관찰하고 연구했다. 생물학 분야에서 '발생학'에 관해 그가 쓴 책에는 정확하게 관찰한 내용이 들어 있다. 『동물의 역사』와 『동물의 부분』은 사람과 동물의 해부학에 관해 대략적이긴 하지만 상당히 유용한 지식을 담고 있다. 그러나 그의 생리학 지식은 다른 분야에 비해 정확하지 않은 부분이 많았다.

중세에 이르러 그의 학설은 로마 가톨릭이 공식으로 인정하는 철학이 되었다. 중세와 르네상스 시대의 새로운 학설들은 단지 아리스토텔레스의 학설과 다르다는 이유만으로 비판받았을 만큼 절대 권위가 있었다. 그러나 직접 관찰한 자연현상을 근거로 쓴 그의 학설들이 후일 과학적 관찰을 방해했다는 것은 과학 역사에서 하나의 아이러니였다고 할 수 있다.

알렉산드리아 의학

기원전 3세기에 의학의 중심은 알렉산드리아로 옮겨갔다. 초기 알렉산드리아 시대에는 유클리드나 아르키메데스 같은 학자들이 수학과 실용 기술을 발전시켰다. 또한 인체 해부가 허용되어 해부학이 발달했다.

이 시기의 의학자로는 기원전 300년 무렵 활약한 헤로필로스가 있는데, 그는 소장이 시작되는 부위를 '십이지장'이라고 이름 붙였다. 또 감각과 운동마비를 구분했고 맥박을 물시계를 사용해 객관적으로 측정하기도 했다.

에라시스트라토스는 감각과 운동신경이 다르다는 것을 서술하는 등 뇌, 소뇌, 혈관의 해부에 업적을 남겼다. 그는 대사작용을 연구했으며 복수와 간경변의 관계를 설명한 최초의 병리해부학자였다. 히포크라테스의 체액설을 반대하고 고체병리학을 개척했다. 헤로필로스와 에라시스트라토스는 각각 의학교를 세웠으며, 이 학교들은 서기 2세기까지 지속되었다.

이 시대에는 '같은 증상은 같은 방법으로 치료해야 한다'고 주장한, 경험론자라고 부르는 의사들이 있었다. 헤라클리데스, 필리노스, 세라피온, 글라우키아스 등은 관념적이고 철학적인 사고에 반대하고 관찰을 기초로 한 경험으로 치료했는데, 의학 지식이 부족해서 곧 한계에 부딪혔다. 그러나 이들의 영향으로 증상학, 약리학, 외과가 발전했다.

그리스의 전통을 이은 로마 의학

기원전 3세기 무렵부터 그리스 의사들은 노예나 자유인 신분으로 로마에 진출했다. 로마인들은 외국 의사들을 싫어했지만 로마의 의학 수준이 워낙 낮았기 때문에 결국은 그리스 의학이 중심 위치를 차지하게 되었다.

로마에서 그리스 의학의 우월성을 입증한 최초의 의사는 아스클레피아데스였다. 포도주를 이용한 식이요법과 목욕법을 주로 사용해 명성을 얻은 그는 정신병을 연구했으며, 동물의 뇌절제술, 상기도가 폐색되었을 때 기관절개술을 했다. 그는 로마에 의학교를 세우기도 했다.

테미손은 아스클레피아데스의 영향을 받아 방법학파를 창설했다. 그의 치료는 단순했으며 주로 과도한 수축이나 이완을 극복하는 치료를 했다. 방법학파 의사 가운데 서기 100년 무렵에 활약한 소라노스는 산과와 부인과 분야에서 유명했다.

그는 정신병을 다룬 훌륭한 책을 썼는데, 정신병을 증상에 따라 울증, 조증, 광기로 구분했고 히스테리나 건강염려증은 정신병이 아니라고 설명했다.

아테나이오스가 창립한 뉴마 학파는 스토아 철학의 영향을 받았는데 나중에 절충주의로 발전했다. 기원전 100년 무렵에 활약한 알키게네스는 사지 절단수술과 혈관의 결찰법으로 유명했다. 그는 질병의 증상을 초기 증상과 2차 증상으로 구분했으며, 당뇨병, 파상풍, 디프테리아, 한센병 등에 관해서도 기술했다.

로마의 의학서를 대표하는 켈수스의 백과사전 같은 저술은 알렉산드리아 의사들의 지식을 수집해 편집한 것이다. 외과, 백내장 수술, 피부과에 대해 잘 설명해 놓았다. 그 밖에 네로 황제의 군의로 약리학자인 디오스코리데스는 600종의 약초를 기록했다. 루푸스는 해부학과 맥박을 연구했고, 암과 페스트에 관해 자세하고 훌륭한 기록을 남겼다.

로마에는 의료보험제도와 의사회가 있었다. 또한 분야별로 전문의가 있었으며 공중보건의사 제도가 있었다. 로마는 공중위생 수준이 높았는데, 훌륭한 상하수도 시설과 목욕시설이 발달해 로마 시민의 건강을 지켜주었다.

갈렌

로마를 대표하는 의학자는 갈렌이다. 해부학자이며 생리학자인 그는 히포크라테스의 의학을 이어받아 중세 이후까지 이어진 의학 체계를 확립했다. 갈렌은 여러 의학파들의 의견을 통합했는데, 의학을 과학으로 만든 의학자라고 할 수 있다.

갈렌은 서기 130년에 소아시아 서북쪽에 있는 페르가몬에서 수학자이며 건축가인 니콘의 아들로 태어났다. '갈렌'은 그리스어로 '조용하다'라는 뜻이다. 그는 고향에서 수학, 철학, 논리학 등을 배웠으며, 17세 때 페르가몬의 아스클레피우스 학파에서 의학을 배우고, 20세에는 스미르나로 가서 의사 펠로프스라에게 사사했다. 그 뒤 코린트, 이집트의 알렉산드리아 등지를 돌아다니며 다양한 의학을 공부했다. 그러다가 157년에 고향으로 돌아와 검투사를 담당하는 의사가 되었는데, 치료를 아주 잘해서 잇달아 3년이나 고용되었다. 그는 31살 때 로마로 갔는데, 당시 로마의 명사이고, 같은 고향 출신인 철학 교수의 병을 치료하고 병의 경과를 정확하게 알아맞혀 유명해졌다. 마침내 갈렌은 마르쿠스 아우렐리우스 황제의 주치의가 되었다.

갈렌은 의학교를 나오지 않았기 때문에 오히려 히포크라테스 의학에 충실할 수 있었다고 한다. 특히 그는 동물을 해부하고 연구하는 것에 뛰어났다. 그는 원숭이와 돼지를 해부해 뼈와 근육에 관한 지식이 많았다. 또한 감각신경과 운동신경의 차이점, 반회신경과 음성, 뇌의 연수와 호흡, 동맥과 혈액의 관계 따위를 실험을 해서 증명했고, 소변이 만들어지는 부위를 실험으로 추정하기도 했다.

갈렌은 기본적으로 히포크라테스의 체액설을 받아들였으나 필요에 따라서는 스토아 철학의 뉴마, 방법론자들의 수축과 이완 개념, 피타고라스의 학설까지 수용했다. 그는 「병든 부분에 관하여」라는 논문에서 장애 기능과 그것에 관여하는 기관을 고찰함으로써 고체병리학의 기초를 이룩했다. 갈렌은 히포크라테스 학파와는 반대로 적극 치료를 했고, '열병에는 차가운 처방'이라는 식의 도식적이고 방법론적인 치료를 시도했다. 또한 갈렌은 많은 종류의 약제를 동시에 복용하게 하는 복합 처방을 즐겨했으며, 피를 뽑거나 설사를 하게 하는 배출법을 사용했다.

갈렌은 수백 권의 책을 썼는데, 그중 스물두 권이 남아 있다. 그의 책은 양도 많을 뿐 아니라 거의 모든 분야의 의학을 다루었다. 중세에는 갈렌의 학설을 절대 진리로 여겼기 때문에 오히려 의학이 발전하지 못했다는 비판도 받았다.

켈수스

아우렐리우스 코넬리우스 켈수스는 기원전 42년에서 서기 37년 사이에 활동했다고 전해진다.

켈수스는 당시의 농업, 수의학, 의학에 관한 지식을 모아서 라틴어로 기록했다. 그의 '의학'은 『히포크라테스의 전집』이나 다른 저술을 근거로 하고 있으나 부분적으로 자신의 경험을 기록해 놓기도 했다. 중세 학자들은 그를 무시했지만 그의 업적은 나중에 르네상스 시대에 널리 알려졌다.

디오스코리데스

그리스 출신인 디오스코리데스는 네로 황제가 통치할 때 로마 군대의 의사였다. 그는 로마군과 같이 여행하면서 채집할 수 있는 모든 식물들을 모아 책을 저술했다. 이 책은 많은 식물을 조사해서 기록해 놓았고, 식물로 약제를 만들어 고칠 수 있는 질병들을 나열했다. 디오스코리데스가 쓴 이 책은 서양에서 만든 가장 훌륭한 약물학 책 가운데 하나로, 17세기에 이르기까지 권위를 인정받으며 사용되었다.

중세의 수도원 의학, 아랍 의학, 스콜라 의학

갈렌 이후 서양의학은 뚜렷한 발전이 없었다. 중세 초기에는 동로마(비잔틴)의 오리바시우스, 에티우스, 알렉산더, 파울루스 등이 주로 고전을 편집하고 해석했다. 유럽에서는 성직자들이 그리스의 원전을 가려 뽑아서 편집했는데 내용이 빈약했다.

이 시기에는 유럽 전역에 수도원이 설립되었는데, 여기서 의학교육이 이루어졌다. 이 '수도원 의학' 시대에는 교조적 기독교 철학의 영향으로 사람들은 죄를 짓거나 악마 때문에 질병에 걸리며, 병을 치료하는 것은 기적이라고 생각했다. 종교적이고 마법적 관념이 되살아나서 의학이 다시 천년 전으로 뒷걸음질쳤다. 당시 의학 연구는 주로 수도원에서 환자를 수용하고, 약초를 재배하기 위해 논문을 번역하는 것이 대부분이었다. 1130년 클레르몽의 종교회의에서 수도사의 의료 행위를 금지함으로써 수도원 의학의 시대가 막을 내렸다. 그때부터 보통 사람도 의사가 될 수 있었다.

한편 아랍 세계에서는 준디 샤푸르, 다마스커스, 카이로, 바그다드 등이 중심이 되어 그리스, 인도 등지에서 전해진 의학을 발전시켜 나갔다. 중세 중기가 되자 발전한 아랍 의학이 유럽으로 거꾸로 수입되는 현상이 일어났다. 이 시기를 '아랍 의학의 시대'라고 부를 만큼 아랍 의학은 서양의학에 큰 영향을 끼쳤다.

아랍 의학의 대표적인 의학자라고 할 수 있는 라제스는 종교와 의료를 구분하고, 환자의 증상과 경과를 관찰했고, 인간에게는 자연적 치유 능력이 있다고 가르쳤다. 또 식이와 환경위생의 중요성을 강조했다. 그는 그리스, 인도 의학을 기초로 한 객관적 관찰과 개개의 병을 처방한 임상의학백과사전을 비롯해 『천연두와 홍역』 등 100여 편의 의학 서적을 저술했다.

이슬람에서 가장 위대한 과학자인 이븐 시나(아비첸나)는 철학, 신학, 수학, 천문학, 의학 등 학문 전반에 정통했다. 그는 12~17세기에 걸쳐 유럽 의학의 기본서가 된 그리스-이슬람 의학을 집대성한 『캐논(의학규범)』을 비롯해, 『치료』 등 100권이 넘는 책을 저술했다. 그 밖에도 이븐 주르가 『치료학과 음식에 관한 간편한 책』을, 스페인 코르도바 궁정의 유명한 외과의사인 아불 카심은 30편으로 이루어진 방대한 의학서인 『의학편람』을 썼다. 아벤조아르, 아베로에스, 모세 마이모

니데스와 같은 의사가 활약했다.

일반적으로 아랍 의학은 고전의 권위에 집착하는 경향이 있었고, 해부학을 혐오하고 외과를 경멸했다. 외과 치료에서는 갈렌의 생리적 화농설을 신봉했으며, 상처를 열로 지지는 소작법을 많이 사용했다.

중세 유럽에서 아랍 의학 문헌을 많이 번역한 곳은 이슬람과 가까운 지역이었다. 이탈리아 반도에서는 살레르노와 몬테카시노 수도원의 콘스탄티누스 아프리카누스가 주로 번역했다. 이베리아 반도에서는 톨레도의 제라드가 아랍 의학서와 그리스의 고전 의학 교재를 라틴어로 번역했다.

중세 후기에는 유럽 각지에 대학이 설립되어 의학을 주도했으므로 이 시기의 의학을 '스콜라 의학'이라 부른다. 12세기 남이탈리아의 살레르노 의학교를 시작으로 남프랑스에 몽펠리에 의학교가 설립되었으며, 파리, 옥스퍼드, 볼로냐, 파도바 등 기존의 대학에 의과대학이 생기면서 유럽 전역에 정규 의학 교육이 시작되었다. 초기의 대학에서는 성직자가 국제어인 라틴어로 강의를 했으며, 그리스 저작들을 번역하고 토론을 주로 하는 교육을 했다. 종교적이며 초자연적인 관념적 사고가 우세했다.

의과대학에서는 아리스토텔레스의 저술들과 이븐 시나의 『캐논』, 히포크라테스와 갈렌 등 여러 고전의 발췌본인 『아티셀라』를 교재로 삼았다. 히포크라테스의 저작들은 대부분 갈렌의 해석과 함께 소개되었으므로 갈렌의 영향은 10세기 무렵

보다 더욱 커졌다. 또 실험이나 임상 실습은 전혀 하지 않고 강의만 했기 때문에 이 시대의 의학을 '도서관 의학'이라고 부르기도 한다.

성직자가 대부분이었던 중세의 의사들은 내과와 외과를 구별하지 않았지만 1163년 투르 종교회의의 결정에 따라 의사는 외과를 다룰 수 없었다. 그 뒤 외과는 이발사, 목욕탕 주인, 망나니 같은 자격이 없는 사람들이 도맡아했다. 대학에서는 약 200년 동안 인체 해부를 했지만, 교수는 갈렌이 쓴 책을 읽어주기만 하고 조수가 해부를 했다. 따라서 이 당시 해부학은 거의 발전하지 못했다.

중세 유럽에는 6세기와 14세기에 페스트가 크게 유행했다. 1348년에 페스트가 돌기 시작하자 유럽 전체 인구의 20∼25%가 사망했다. 전염병 예방을 위해 주요 항구 도시에 검역 제도가 생겼으며, 시장에서는 음식 검사, 매춘 금지, 나병 환자 격리 등 각종 보건위생에 관한 규제를 만들었다. 1140년에는 시실리에서 9년 동안 교육을 받을 것, 면허제도, 국가시험, 급여, 약사의 영업, 위생 관리 등에 관한 규정을 포함하는 최초의 의료법이 제정되었고, 정부에서 주관하는 의사 면허 시험이 시행되었다. 또 교회의 자선 시설로 노약자나 순례자들을 위한 여관과 수용소 기능을 하기 위해 병원이 설립되었는데, 13세기에 이르러 국가나 도시가 그것을 관리하게 되면서 병원은 의료 시설로 전환되기 시작했다.

중세의 의학 교육 과정

의과대학에서는 아리스토텔레스의 철학, 아티셀라, 그리고 아비첸나의 『캐논』을 주요 교과목으로 삼았다.

『아티셀라』는 '작은 의술'이라고 불리기도 한 책으로, 여러 권의 책을 포함하고 있다. 살레르노 지방에 1150년까지 전통으로 전해 내려온 의학에 히포크라테스의 『격언집』과 『예후』, 그리고 비잔틴의 테오필루스가 쓴 『소변』, 필라레투스의 『맥박』, 1200년 무렵에는 갈렌의 『치료법』, 그 뒤에는 히포크라테스의 『급병의 처방』이 추가되었다.

아비첸나의 『캐논』은 의학 이론, 간단한 약물들, 특수한 병리 소견과 치료, 일반 질병, 약전 등 다섯 부분으로 나누어져 있었다. 이런 교과 과정은 아리스토텔레스의 철학을 기본 교양으로 여겨 교육을 받은 대다수의 학자들이 지지했다. 하지만 실제로 치료와 관련된 사항은 별로 없고 관념적 이론만 강조하는 결과를 가져왔다.

아랍 의학의 영향

성직자가 의학을 전담한 수도원 의학의 시기인 중세 초기에 살레르노 의학교와 몬테카시노 수도원은 남이탈리아 의학의 중심이었다. 또한 북아프리카와 스페인 지방을 점령하고 있던 아랍 세계에서 의학에 관련된 지식을 수입하는 창구 역할을 했다.

당시에는 성직자(수사)들이 살레르노에서 의학 공부를 마치고 수도원으로 돌아오는 경우가 많았다. 청년 시절 살레르노에서 의학을 공부하고 나중에 몬테카시노 수도원의 대주교가된 알파누스는 1063년 콘스탄티노플을 여행하다가『사람의 성질』등의 그리스 의학 서적을 입수해 라틴어로 번역했다.

그러나 그리스어로 쓰인 의학서보다 아랍어로 쓰인 의학서를 얻는 것이 훨씬 쉬웠던 살레르노 지방은 아랍의 의학서들을 번역해 유럽에 소개하는 중요한 역할을 했다. 아프리카 튀니지 출신인 몬테카시노 수도원의 수사인 콘스탄틴은 1070년에서 1097년까지 수많은 아랍 의학 책과 그리스 의학 책을 라틴어로 번역했다. 갈렌의『치료법』, 히포크라테스의『격언집』과『예후』등이 대표적인 책들이다. 이러한 활동의 결과 11세기 말에 살레르노(또는 몬테카시노)에서 새로운 의학 교과서가 만들어졌다. 그리고 그것이 16세기의『아티셀라』의 시초가 되었다.

1140년 무렵에는 스페인의 톨레도에서도 아랍의 의학서를 번역하기 시작했다. 1280년에는 스페인과 이탈리아에서 아랍어로 된 라제스의 의학 책과 갈렌의 저술이 라틴어로 번역되었다. 이처럼 대부분의 번역 작업은 아랍어로 쓴 그리스 의학서를 라틴어로 번역하는 것이었다. 그중에는 그리스어로 된 원전을 번역하려고 하기도 했다. 피에트로는 콘스탄티노플에서 그리스어로 쓴 갈렌의 책을 가져와 직접 번역했다. 1315년에서 1348년 사이에 나폴리 왕국의 니콜로라는 의사는 갈렌의 저술을 라틴어로 완전하게 번역했다.

르네상스의 해부학

    르네상스 의학의 중심이 된 것은 해부학이었다. 레오나르도 다 빈치가 시체를 해부해서 알게 된 지식으로 그린 '위대한 혈관의 사람' 같은 우수한 해부도는 당시의 해부학 수준을 엿볼 수 있는 자료이다.

    르네상스 시대에 활발하게 활동한 해부학자들은 다음과 같다. 파리 대학의 실비우스는 신경해부학과 폐결핵의 결절 등에 관해 연구했다. 현대 해부학의 아버지라고 부르는 안드레아스 베살리우스, 유스타키안 관, 부신, 흉선, 눈의 외전신경 등을 기록한 유스타키우스, 베살리우스의 제자이며 여성 생식기, 귀의 반규관 등을 기록한 팔로피우스가 있다. 팔로피우스의 제자이자 윌리엄 하비의 스승으로 태생학을 연구했으며, 카나노가 최초로 발견한 정맥판에 관해서 기록한 파브리치우스 아브 아쿠아펜덴테가 있다. 또한 1200년 무렵에 이미 폐순환이 존재함을 발견한 카이로의 이븐 안 나피스가 있다. 그의 뒤를 이어 혈액의 폐순환을 주장한 스페인의 미카엘 세르베투스도 있다. 그 밖에 이탈리아의 레알도 콜롬보와 안드레아 체살피노 등이 당시 활약한 해부학자들이었다.

르네상스 시대에는 식물학도 발전했다. 파도바 출신의 레오니체노는 그리스어로 된 히포크라테스의 책을 라틴어로 번역했고, 자신의 관찰을 토대로 새로운 식물학의 길을 개척했다. 독일의 오토 브룬펠스, 레오나르트 푹스, 히에로니무스 복, 취리히의 콘라트 게스너 등이 식물학 분야에서 활약했다. 특히 발레리우스 코르두스는 500여 종의 새로운 식물을 설명해 놓았는데, 최초의 현대적 약전藥典을 저술했다. 이 시기에는 세계를 여행하는 사람들이 가져온 식물들이 많아 유럽 각지에 식물원이 생겨나기도 했다.

임상의학에서는 질병을 구분하고 병리해부학을 적용하려고 노력했다. 히포크라테스의 치료법을 지지하고 아랍의 방혈법을 반대한 피에르 브리소와 여러 의사들은 맥박과 소변 검사에 지나치게 의존하는 아랍의 의학을 반대했다. 안토니오 베니비에니스는 최초로 22증례의 임상 관찰 결과와 부검 소견을 비교해 발표했다 .또 장 페르넬은 생리학, 병리학, 치료학을 3권으로 묶은 『의학일반』을 저술했고, 인플루엔자, 매독, 결핵 등에 관해 기록했다.

1546년 지롤라모 프라카스토로는 처음으로 전염병에 관한 과학적 가설을 주장했다. 그는 전염병이 몸 안에서 증식하는 작은 종자 때문에 생기는데, 직접 접촉하거나 매개체가 옮긴다고 생각했다. 또 특정한 종자가 특정한 질병의 원인이 되고, 환자마다 질병의 정도가 다른 것은 종자의 병원성이 변화하기 때문이라고 보았다.

파라켈수스는 갈렌의 체액설을 반박하고, 실험과 관찰의 중요성을 역설하며, 병인론과 약리학의 발전을 주도했다. 그는 화학 지식이 많아 빈혈에는 철분을 투여하는 등 약리학적 원인 요법을 확립했다. 또 통풍 같은 대사성 질환을 설명했고, 갑상선종과 갑상선기능저하증의 관계를 확인하기도 했다. 또한 인체가 연금술의 두 원소인 수은과 유황 그리고 제3의 원소인 염鹽으로 이루어져 있으며, 질병은 종자 때문에 생긴다고 주장했다.

한편 앙브로와즈 파레는 총상을 치료할 때 끓는 기름을 사용하는 것이 잘못되었다는 것을 밝히고 소작지혈법 대신 혈관결찰법으로 치료했다. 이것을 계기로 외과학은 눈부시게 발전했다. 그는 또 산과에 태아회전술을 다시 도입했고, 조산부들이 담당하던 산과를 의학의 한 분야로 외과에 포함시켰다.

피에르 프랑코는 탈장, 결석, 백내장 수술을 개선했다. 가스파로 타글리아코치는 코 성형술로 유명했다. 카르다누스는 시각장애인을 위해 점자를 고안해냈고, 청각장애인을 위해 특수

교육법을 개발했다. 의학 교육 분야에서는 1553년 파도바 대학에서 병상 수업을 처음으로 시행했다.

베살리우스

젊은 시절 해부를 하기 위해 공동묘지에서 시체를 훔치기도 한 베살리우스는 파도바 대학에서 박사학위를 받고 해부학 및 외과학 교수로 임명되었다. 대학에서 더욱 많은 해부를 통해 경험을 쌓은 베살리우스는 1543년에 마침내 2년에 걸쳐 완성한 『인체의 구조에 대하여』를 출판했다. 이 책은 분량이 2절지 판으로 663쪽이고, 그림만도 300개가 넘게 실려 있다.

베살리우스의 시도는 교조적인 주장을 따르지 않는, 개인적인 경험을 근거로 한 새로운 해부학의 첫째 모범이 되었다. 그의 비판 정신은 후세의 해부학자들에게 계승되었다. 그러나 베살리우스는 동료들과 사이가 좋지 않아 대학교수직을 그만두고 찰스 5세 황제, 다음에는 스페인의 필립 2세의 어의가 되었다. 그러나 1564년 궁정 생활을 그만두고 베니스를 거쳐 성지 순례에 나섰다가 이오니아에 있는 섬에서 병에 걸려 죽었다고 한다.

파라켈수스

1512년 당시 의학을 이끌고 있던 이탈리아의 페라라 대학에 입학한 파라켈수스는 레오니체노에게 배웠다. 페라라에서 의학박사 학위를 받은 파라켈수스는 인생의 대부분을 서유럽 일대를 방랑하며 보냈다.

파라켈수스는 모든 질병은 각기 다른 고유한 외부 원인 때문에 생긴다고 주장했다. 갈렌의 체액이론을 반박했고, 특정 질병에는 각기 고유한 치료약이 필요하다고 역설해, 모든 약을 섞어 복용하던 당시의 약물 요법의 개념을 바꾸어 놓았다. 루터의 종교개혁의 영향을 받아 의학을 개혁하려고 애썼던 그는 갈렌의 영향이 절대적이던 당시의 교조적 의학사상을 깨는 데 가장 큰 역할을 한 인물 가운데 한 사람으로 평가받고 있다.

프라카스토로

코페르니쿠스와 같은 시기에 파도바 의과대학에서 공부한 프라카스토로는 시인, 수학자, 천문학자, 지리학자로 알려져 있다. 그는 르네상스 시대의 전형적인 인물이다.

프라카스토로는 1530년에 출판된 세 권으로 된 시에서 당시에 돌고 있던 새로운 악성 유행병인 매독을 그리스 신화에 나오는 시필루스의 이름을 따서 'syphilis'라고 이름 붙였다. 그의 다른 업적으로는 '전염'이라는 개념을 최초로 주장한 것이 있는데, 여기서 그는 현대적인 감염의 개념을 주장하고 있다. 즉, 전염의 유형을 접촉으로만 전염되는 질병, 접촉과 매개물로 전염되는 것, 거리를 두고 떨어진 상태에서도 전염될 수 있는 질병 등 세 가지로 나누어 설명했다.

파레

외과와 산부인과 분야에 큰 업적을 남긴 앙브로와즈 파레는 파리의 이발사 밑에서 의사 수업을 받고 오텔 듀 병원에서 일했다. 그는 1536년 당시 교황청 의사인 비고가 주장한 총상 치료법이 잘못 되었다는 사실을 밝혀냈다. 총상 치료법이란 총상에 끓인 기름을 부어 치료하는 방법이다. 그는 1552년에 부상자의 사지절단 수술을 할 때나 동맥 출혈을 지혈할 때 상처 부위를 불로 지지는 소작법 대신 혈관을 실로 묶는 결찰법을 다시 도입해 출혈 문제를 해결했다.

파레는 이발사 출신으로는 처음으로 성 코스마 대학의 교수가 되었다. 그는 일생 동안 20번을 전쟁에 나설 정도로 용감했고, 드 기스 공작이 머리 부상을 치료해준 것에 대해 감사하자 "나는 붕대를 감기만 했고 하느님이 그것을 낫게 하셨을 뿐입니다"라고 말했다는 일화는 그의 겸손한 인격을 잘 보여준다.

실험생리학의 발전

　17세기는 실험생리학이 발전하기 시작한 시대였다. 이때 활동한 생리학자들은 다음과 같다.

　윌리엄 하비는 혈액순환의 원리를 발견했다. 호흡생리학에서 로버트 보일은 동물이 생명을 유지하기 위해서는 공기 중의 어떤 특정 성분이 중요하다며 산소의 존재를 예측했다. 로버트 후크는 흉곽을 제거해도 공기만 공급되면 동물은 죽지 않는다는 것을 실험으로 증명했다. 리처드 로우어는 혈색의 변화가 폐에서 일어난다고 주장했다. 존 메이요는 횡격막과 갈비뼈 사이의 근육이 호흡운동에 관여한다는 것을 밝혔다.

　소화생리학에서는 파라켈수스의 제자인 반 헬몬트가 소화는 일련의 발효 작용이라고 주장하며 위 속의 염산을 확인하는 등 많은 업적을 남겼다.

혈액순환설

17세기에 이루어진 의학의 가장 큰 업적은 윌리엄 하비가 발견한 혈액순환의 원리다. 실제로 하비보다 앞서서 혈액순환을 주장한 학자는 많았다. 유럽에서 처음으로 혈액의 폐순환을 주장한 사람은 세르베투스였으며, 콜롬보 역시 폐순환설을 주장했지만, 이들은 가설을 증명하지는 못했다.

하비에게 가장 많은 영향을 준 체살피노는 '순환'이라는 단어를 사용해서 폐쇄순환체계를 생각해냈다. 그는 천재적인 면을 가지고 있었는데, 최초로 동맥과 정맥을 연결해 조직 안으로 혈액이 새지 않도록 하는 모세혈관의 개념을 주장한 것을 보면 잘 알 수 있다. 그러나 체살피노는 큰 동맥과 정맥이 직접 연결이 되어 있으며, 심장에서 혈액이 만들어진다고 생각했다. 또한 뜨거운 동맥 혈액이 정맥으로 떨어져서 찬 혈액이 되는 것으로 생각했고, 정맥을 통해 혈액이 다시 심장으로 모여드는 것을 생각하지 못했다. 한편 하비의 스승인 파브리치우스는 정맥판을 최초로 기술했으나 그 의미를 인식하지 못했다.

하비

윌리엄 하비는 위대한 실험과학자이며 영국 의학 역사에서 가장 훌륭한 의사로 평가받는다. 하비는 캠브리지에서 공부한 뒤 당시 유명한 외과 의사이자 해부학자인 파브리치우스에게 배웠다. 파브리치우스는 이 즈음 정맥판과 닭의 발생에 관한 연구를 하고 있었는데, 이것이 나중에 하비가 혈액순환과 발생학 분야에서 업적을 이루는 데 큰 영향을 미쳤다.

1602년 파도바 대학에서 의학박사 학위를 받은 하비는 영국으로 돌아와 혈액순환에 관한 실험을 계속했다. 1615년에 그의 강의 노트에 이미 혈액순환설이 나타나고 있지만 그는 13년이 지난 1628년에야 발표했다. 하비는 해부를 하면서 알게 된 인체 구조에 대한 지식과 동물 실험에서 얻은 생리학적 실험 결과를 근거로 오직 혈액의 흐름에 관해서만 설명했을 뿐 심장이나 간장, 뇌의 기능 등에 대해서는 전혀 언급하지 않았다. 즉, 현상을 의미와 분리해서 설명했는데, 이 또한 당시에는 새로운 현대적 과학 연구의 방법론이라고 할 수 있었다.

하비는 해부학의 또 다른 분야인 발생학에서도 위대한 업적을 남겼다. 하비는 닭의 수정란을 배양 기간 별로 해부하기도 하고, 또 다른 동물의 수정란을 사용해 『동물의 발생』을 출판했다. 이 책에서 하비는 처음부터 이미 생성되어 있는 각 기관들이 부피가 커지는 것일 뿐이라는 '기형성설旣形成說'을 부정했다. 그는 동물 실험을 통해 태아가 자라면서 기관을 형성해 나간다는 것을 증명했다. 당시에는 유례를 찾을 수 없을 정도로 앞선 지식을 담고 있는 이 책에는 '모든 동물은 알에서 나온다'는 하비의 유명한 말이 나온다.

말피기

　말피기는 해부학 연구에 현미경을 도입했다. 말피기는 피사
와 메시나에서 교수로 있었던 몇 년 동안을 빼고는 거의 대부
분의 시간을 볼로냐에서 보냈다. 베살리우스가 직접 눈으로
보며 해부를 했지만 말피기는 현미경을 사용해 해부를 했다.
그러나 지금처럼 조직표본의 염색법이 없었던 시절이므로 그
의 작업은 쉽지 않았다. 그는 다루기 쉬운 표본인 식물, 곤충,
부화하기 전의 달걀 등을 재료로 해부조직학과 조직학적 발생
학에서 뛰어난 업적을 이루어냈다.

　말피기는 하비의 말을 그대로 옮겨 '모든 생물은 알에서 나
온다'고 주장했다. 그는 고등동물의 조직으로 관찰의 범위를
넓혀 거의 모든 장기의 조직학적 소견에 관해 연구했다. 1661
년에 발표한 논문에서 폐의 모세혈관을 설명했는데, 이것은
하비가 혈액순환설을 완성하게 했다.

산토리우스

　산토리우스는 정량적 관찰을 의학에 도입해 생물학 현상을
자연과학의 일반 법칙으로 설명하려고 했다. 그는 1611년 파
도바의 '이론의학'의 교수가 되었다. 주로 대사에 관련해 사
람의 몸무게와 섭취 및 배설물의 무게를 측정하고 '눈에 안
보이는 배설'의 변화가 모든 질병의 과정에 중요한 역할을 한

다고 주장했다. 그는 체온과 맥박을 측정하기 위해 유리관과 물을 이용한 체온계, 진자를 이용한 맥박계, 습도계, 복부 또는 방광 결석을 제거하는 트로카 따위를 고안했다.

산토리우스는 하비보다 15살이 많았지만, 하비의 『심장과 혈액의 운동에 관하여』가 발표되기 14년 전인 1614년에 그의 대표작인 『계량적 의학』을 출판할 정도로 시대를 앞서갔다.

17세기의 임상의학

17세기 임상의학을 대표하는 의사로는 토머스 윌리스가 있다. 그는 대뇌 피질의 역할을 처음으로 인식했고, 뇌저부 혈관 구조를 설명했다. 검시를 통해 질병과 해부학적 이상 상태가 관련이 있는지 찾아보려고 노력했다. 또한 심리학, 신경학, 비교 해부학, 반사反射 등의 용어를 만들었으며, 히스테리가 자궁이 아닌 신경계의 병이라고 주장한 임상가 가운데 한 사람이었다.

병리학에는 다음과 같은 학자들이 잇다. 요한 야콥 베퍼는 실험독물학의 개척자이며 검시를 통해 뇌졸중의 원인이 뇌출혈임을 규명했다. 레몽 비생스는 대동맥판부전증이나 삼첨판 협착증 같은 심장판막질환의 병리학적 소견을 기술했고, 신경 해부학에서도 뛰어난 업적을 남겼다. 석공의 폐병 등 직업병에 관한 저술을 발표한 베르나르디노 라마치니도 활발하게 연구를 했다.

외과학은 파브리치우스 이래 별로 발전하지 않았다. 조산원이 주된 역할을 하고 있던 산과는 점차 의학(외과)의 분야로 들어갔다. 네덜란드의 헨드릭 반 데벤터와 프랑스의 모리소가 산과의사로 유명했다.

한편 차키아스와 보온이 발표한 외과병리학 논문들은 체계적이고 과학적인 법의학의 시초가 되었다. 존 그란트의 『사망률표의 자연적 및 정치적 관찰』은 의학에 통계가 등장하는 계기가 되었다. 1685년에는 프로이센에 위생학교가 설립되었는데, 건강한 국민의 수가 많을수록 국부가 증가할 수 있다는 개념 아래에 국가에서 예방의학의 중요성을 인정한 결과였다.

이렇게 17세기는 의학이 많이 발전했지만, 다른 한 편으로는 여전히 미신이 널리 퍼져 있었고, 엉터리 치료약이 잘 팔린 시대이기도 했다.

17세기 기초과학의 임상 응용

갈릴레오의 영향을 받아 파도바를 비롯한 남부 유럽에서 유행한 의물리학파는 이학적이고 기계론적인 의료를 표방했다. 데카르트는 영혼이 존재하는 송과체를 제외한 사람의 몸은 기계라고 생각했다. 조반니 보렐리는 근육 운동을 역학적으로 분석했다.

이에 대해 북부 유럽에서 성행한 의화학파는 화학 발견을 의학에 도입함으로써 질병의 새로운 체계를 확립하려고 했다.

프랑소아 드 라 뵈는 레이덴에서 병상 수업을 부활하고 폐결핵에 관한 우수한 기술을 남겨 레이덴의 실비우스로 알려졌는데, 그는 산증과 염기증으로 질병을 분류하려 했다. 토머스 윌리스는 열이 발효 때문에 생긴다고 해석했다.

아직 화학이나 물리학이 충분히 발달하지 못한 상황이었기 때문에 이러한 시도들은 결국 성공하지 못했다. 의화학이나 의물리학파들이 실패하자 기초과학적 실험 자료를 경솔하게 임상에 응용하는 것은 위험하다는 사실이 알려졌다. 이 교훈은 나중에 약 백 년 동안 의사들이 기초과학적 방법론을 배척하는 계기가 되었다.

시드넘의 관찰 의학

17세기 중반에 수많은 학설들이 쏟아져 나오자 지금까지 확고했던 갈렌의 의학 체계가 흔들리기 시작했다. 의사들은 어느 학설을 따라야 할지 큰 혼란에 빠졌다. 이러한 때에 변화의 전기를 마련한 것이 영국의 개업 의사 토머스 시드넘이었다.

토머스 시드넘은 임상 관찰의 중요성을 강조했으며, 병을 분류하고 자연 치유력의 존재를 인정하는 합리적인 치료를 했다. 페루에서 들여온 키니네를 써서 당시 가장 흔한 병인 말라리아를 치료했는데, 방혈법을 쓰지 않고도 열병이 나을 수 있다는 것과 특정한 처방이 특정한 질병을 고친다는 것을 증명했다. 그는 정신신체질환의 개념을 주장하기도 했다.

그러나 승마가 폐병이나 히스테리에 잘 듣는다거나, 천연두에는 찬 음료수를 마시게 한다는 따위의 과학적이지 않은 처방도 했고, 방혈법을 쓰기도 했다. 하지만 통풍을 비롯해 히스테리, 말라리아, 홍역, 이질, 성홍열, 소무도병에 관해 그가 설명한 임상 기술은 현대 의학의 기준으로 보아도 뛰어나다.

그의 영향을 받은 베퍼는 뇌졸중을, 몰턴은 폐병을, 글리슨은 구루병을, 비생스와 란치시는 심장병을, 라마치니는 직업병을 관찰해 기술했다. 이렇게 의사들이 개개의 특수한 질병에 관해 연구하고 관찰한 것을 기록함으로써 다양한 질병들의 특징이 밝혀지기 시작했다.

토머스 시드넘은 17세기 의학이 혼란기에 있을 때 의사들에게 질병 치료라는 본연의 임무를 깨닫게 하고, 의학이 올바른 길로 갈 수 있도록 방향을 설정한 업적을 남겼다. 오늘날 시드넘을 '영국의 히포크라테스'라고 부르는 이유가 여기 있다.

해부 병리학과 새로운 임상의학의 발전

18세기에는 프랑스와 이탈리아의 대학 말고도 할레, 레이덴, 런던, 에든버러, 필라델피아 등지에 새로운 의학의 중심이 생겨났다. 이 시기에는 뉴턴의 만유인력 법칙처럼 하나의 이론으로 모든 질병을 설명하려는 노력이 성행했다. 화학자인 할레 대학의 에른스트 슈탈은 데카르트의 기계론적 생명관에 반대해 '만유정신론'을 주장했다. 같은 대학의 프리히드리히 호프만은 모든 질병을 섬유의 '과긴장과 이완'으로 설명하는 기계론적 질병 체계를 확립했다. 그 뒤를 이은 에든버러의 윌리엄 컬렌은 '신경력'의 질병 이론을, 그의 제자 존 브라운은 '자극에 대한 과잉 반응과 무반응'의 질병 이론을 제창하는 등 의학의 이론 체계는 혼란을 거듭하고 있었다.

이 시기의 임상의학은 네덜란드 레이덴 대학의 교수로 '전 유럽의 스승'이라 부르는 헤르만 뵈르하아베가 대표적이다. 그는 의료가 진찰, 실험, 경험으로 이루어져야 한다며 병상 수업을 했다. 그의 제자들은 나중에 영국의 유일한 현대식 의과대학인 에든버러 의학교와 빈에 있는 빈 의학교를 설립해 유럽의 임상의학을 주도했다.

한편 영국에서는 우수한 의사가 많이 배출되었다. 윌리엄 위더링은 강심약인 디지탈리스를 처음으로 도입했다. 윌리엄 헤버든은 협심증, 풍진, 그리고 변형성 관절염을 기록했다.

프랑스에서는 샤를 프랑소와 펠릭스가 루이 14세의 치루 수술을 성공한 것을 계기로 외과의 지위가 올라갔다. 1731년에는 왕립 외과학회가 파리에 설립되었다. 이를 계기로 프랑스에서는 외과적 해부학이 발달하게 되었는데, 쟝 루이 프티는 최초로 암 수술에서 임파선을 잘라냈다.

피에르 포샤르는 1728년에 치의학 책 『외과적 치과의사』를 발표했다. 1720년 파리에 최초로 조산부를 위한 교육 시설이 설립되었다.

존 헌터는 영국의 외과를 과학 의학으로 발전시키는 데 공헌했다. 그는 과학자, 외과의사 겸 병리해부학자로 명성을 날렸다. 1771년에는 『치아의 자연사』를 출판해 영국의 치의학을 확립하는 데도 기여했다.

이탈리아에서는 1761년 모르가니가 자신과 스승인 발살바가 시행한 700증례의 사체 해부를 근거로『질병의 자리와 원인에 관하여』를 출판했다. 이 책에는 장기의 아주 작은 변화와 임상 증상을 연관지었다. 이로써 액체병리학설 대신 고체병리학설이 새로 확립되었다. 의학자들 사이에 해부학이나 생리학 같은 기초과학을 연구하는 것이 환자의 질병을 파악하는데 중요하다는 확신이 생기기 시작했다.

질병을 진단할 때도 새로운 수법을 동원하기 시작했다. 1761년 오스트리아의 아우엔브루거는『잠재성 흉강질환의 새로운 진단법』을 출판했는데, 흉부 질환을 진단할 때 타진이 유용함을 증명했다.

한편 괴팅겐 대학의 할러는 근육과 신경 등의 실제적 기능을 연구해 여덟 권으로 이루어진『본질적 생리학』을 저술했다. 르네 앙트완느 로푀르와 라자로 스팔란차니는 소화가 순수한 기계 작용도 순수한 부패 작용도 아닌 화학 작용임을 증명했다. 라부아지에는 호흡은 산소를 흡수하고 이산화탄소를 배출하는 것이라고 주장해 화학 발전이 의학에 기여하도록 했다. 또 볼프가 근대적 발생학을 시작하게 한 것도 이 시기에 특기할 만한 기초의학적 발전이었다.

18세기에는 계몽사상의 영향으로 사회과학 개념이 생기고 정신병에 대한 인도적 치료가 시작되었다. 프랑스 대혁명이 끝난 뒤 1794년 필리프 피넬이 최초로 파리 비세트르 병원의 환자들을 쇠사슬에서 풀어주었다. 영국의 박애주의자인 존 하워드와 프랑스의 라부아지에는 감옥의 위생을 개선하기 위해 노력했다. 테농은 일반 병원 위생을 개선하는 데 힘을 쏟았다. 존 헤이가르즈는 다른 환자에게 질병을 옮길 수 있는 열병환자의 병동을 따로 분리하도록 했다.

군사의학에서는 존 프링글, 발딩거, 제임스 린드와 토머스 트로터 등이 괴혈병과 발진티푸스의 예방 및 치료에 업적을 남겼다. 요한 페터 프랑크는 『완전한 의료정책의 체계』라는 6권으로 된 책을 저술해 공중위생학 분야를 개척했다.

또한 여성의 몸을 너무 심하게 조이는 코르셋 배격 운동을 벌인 사무엘 쇰메링과 아동의 건강을 강조한 장 자크 루소 등이 개인위생의 중요성을 강조했다. 존 헌터의 제자인 에드워드 제너가 인두접종법을 안전하게 개량한 종두법을 시행했다. 그는 1798년에 『우두의 원인과 효과의 조사』를 발표했다.

18세기에는 의사의 수가 적고 지위가 높았으므로 의사들은 주로 상류층을 위해서 일했다. 그러자 서민들이 부담 없이 의료 혜택을 받을 수 있는 의료보험제도나 의과대학의 혁신이 필요하다는 인식을 하게 되었다. 토머스 퍼시발은 『윤리법전』을 출판해 의학 윤리를 확립하려고 노력했다.

뵈르하아베

헤르만 뵈르하아베는 1701년에 레이덴 대학의 이론의학 강사가 되었고 1709년에 내과학과 식물학 교수가 되었는데, 바로 이듬해인 1710년에 그가 맡은 레이덴의 식물원이 유럽에서 가장 훌륭한 식물원으로 뽑힐 정도로 유능했다. 당시 유럽 전체 의사들의 반 이상이 그의 임상 강의를 들었다고 한다. 환자의 병력을 충분히 듣고 기록한 다음 현재의 증상을 파악해 진단하고 예후를 파악한 뒤에 치료를 시작하는 그의 치료법은 곧 유럽의 표준이 되었다. 중국에서 보낸 편지봉투에 '유럽 의사 뵈르하아베 씨(Mr. Boerhaave, Physician in Europe)'라고만 씌어 있어도 무사히 그에게 배달되었다는 일화는 그가 얼마나 유명했는지를 잘 보여준다.

괴팅겐의 할러, 에든버러의 먼로와 휘트, 빈의 반 스위텐과 하엔 등을 비롯한 그의 제자들은 러시아와 프러시아를 포함한 유럽 전역으로 퍼져나가 다음 시대의 의학을 주도했다.

반 스위텐

18세기 중반 반 스위텐은 빈 대학을 유럽 최고 수준의 의과대학으로 만들었다. 1745년 여왕의 초청을 받아 빈 의과대학에 부임한 스위텐은 교육과정을 개선하고 국립대학의 체제를 확립해 빈 대학을 유럽 의학의 중심으로 만들었다.

1754년에는 뵈르하아베의 제자이며 자신의 친구인 디 하엔을 초청해 병상수업을 도입함과 동시에 여전히 수용소 같은 병원들을 전임 의사가 환자를 돌보는 새로운 개념의 병원으로 바꾸었다.

모르가니

조반니 바티스타 모르가니는 29살에 파도바 대학 이론의학 강좌의 조교수가 되었고, 4년 뒤에는 그 옛날 베살리우스가 담당했던 해부학 강좌의 교수가 되었다.

이탈리아에서는 신분에 상관없이 사후에 부검을 하는 것이 관습이었다. 대부분의 사람들은 모르가니에게 부검을 받기를 원했으므로 그는 자연스럽게 수많은 시체를 해부하면서 병리해부를 연구할 수 있었다. 모르가니는 1761년 부검 소견을 머리에서 발끝의 순서로 분류하고 거기에 맞추어 증상을 기록한 『질병의 자리와 원인에 관하여』를 출판함으로써 근대적인 국소병리학을 확립했다.

아우엔브루거

1761년에 모르가니의 책과 동시에 출판된 아우엔브루거의 『잠재성 흉강질환의 새로운 진단법』은 국소에 있는 질병을 확인하는 해부학적 진단법의 효시였다. 그는 여관을 하던 아버지가 술통을 두드릴 때 나는 소리로 와인의 재고를 조사하던 것을 떠올려 흉부질환을 소리를 이용해 진단하는 방법을 고안했다. 프랑스의 콜비자르가 그의 책을 보충하고 번역해서 유럽 전역에 퍼지게 되었다.

인두접종법

환자에게서 채취한 고름이나 가피痂皮를 건강한 사람에게 투여함으로써 천연두를 예방하는 방법인 인두접종법은 인도의 아타르바베다에서 기원을 찾을 수 있다.

근세 유럽에 인두접종법이 보고된 것은 1713년의 임마누엘 티모니와 1716년의 필라리니가 영국 왕립학술원에 보낸 논문에서였다. 그러나 실제로 유럽에 인두접종법을 도입하고 전파한 것은 콘스탄티노플 주재 영국 공사의 부인인 레이디 몬타규였다. 1716년 남편과 함께 콘스탄티노플에 도착한 몬타규는 옛날부터 전해오는 천연두의 예방법이 있다는 현지인들의 말을 듣고 아들에게 접종을 해 성공했다. 1718년 귀국한 뒤 자기 가문의 주치의 메이틀랜드 의사와 왕실 주치의인 리처드 미드의 후원을 받아 이 접종법을 전파하기 위해 노력했다. 그러나 인두접종법은 접종을 받은 사람이 천연두에 걸릴 위험이 있었다.

제너

에드워드 제너는 런던의 존 헌터에게 배워 외과를 공부했다. 그는 해부학자이며 외과의사였는데, 협심증의 원인이 관상동맥의 폐색이라는 것을 병리해부를 통해 처음으로 알아냈다.

1796년 5월 제너는 소젖을 짜는 세라 넬름즈의 손에 우두 때문에 물집이 생긴 것을 보고 그 내용물을 제임스 핍스라는 소년의 팔에 접종했다. 그리고는 천연두를 앓고 있는 환자의 물집에서 내용물을 채취해 소년에게 투여했다. 그 결과 소년은 병에 걸리지 않았고 천연두에 대해 저항력이 생긴 사실을 확인했다. 제너는 1798년에 『우두의 원인과 효과의 조사』를 출판해 종두법을 확립하고 전파하는 데 공헌했다.

프랑크

요한 페터 프랑크는 예방의학의 창시자로 부른다. 1766년 독일의 하이델베르크 의과대학을 졸업한 그는 평생에 걸쳐 6권으로 된 『완전한 의료정책의 체계』를 출판했다. 이 책에는 출산, 결혼, 임신과 출생, 성적 문란과 아동의 위생, 의, 식, 주, 사고와 범죄의 예방 및 발견, 의료 일반 및 국가의 복지에 미치는 영향, 의학교육 기관에 관한 내용을 망라한 대작이다. 프랑크가 죽은 뒤 유럽 전역에 왕정 복고가 이루어지면서 위생에 관해 그가 한 제안은 관심을 받지 못했다. 그러나 19세기 중반에 새로운 위생운동이 일어나면서 페터 프랑크의 주장은 강력한 영향력을 발휘하기 시작했다.

병원의학과 과학적 의학의 시작

19세기 초반에 의학은 산업의 발전에 따른 자본주의의 발전 및 민주주의와 국가주의의 발달을 배경으로 과학이 되었다. 19세기 의학에서는 무엇보다도 부검을 많이 했고 임상 관찰을 중요하게 여겼다. 외래 진료를 주로 하던 클리닉과 달리 많은 환자를 종합적으로 진료할 수 있는 병원이 생기자 환자를 임상에서 관찰할 수 있는 기회가 많았다. 그 결과 임상 증상과 부검에서 관찰하는 국소 병변을 관련지어 설명할 수 있게 되었다. 따라서 이 시대를 '도서관의학' '병상의학'에 이은 '병원의학'의 시대라고 불렀다. 이때 청진이나 타진법 같은 새로운 진단법이 발달하면서 진찰이란 의사가 환자를 '관찰'하는 것만이 아니라 능동적으로 환자의 상태를 '검사'하는 진료 행위로 발전하게 되었다.

1850년까지 세계의 의학 발전을 주도한 것은 프랑스의 의학자들이었다. 프랑스에서는 혁명 뒤 낡은 의과대학과 시설들이 없어졌다. 1794년 파리에 에꼴 드 상테 의학교가 설립되면서 새로운 의학이 파리에 있는 여러 병원에서 시작되었다.

피넬의 제자인 비샤는 1801년 『해부학 총론』을 저술해 근대조직학의 기초를 세웠고, 병리해부학에 커다란 업적을 남겼다. 그는 장기가 아닌 21종의 조직이 생리적 최소 단위라고 주장했다.

광범위방혈요법으로 유럽에서 제일 인기 있는 의사가 된 브루세는 기능 장애의 의학, 즉 위장관 염증으로 모든 질병을 설명했다. 그는 위장관의 병리 연구, 거머리와 절식요법 치료로 유명했다.

가스파르 로랑 벨은 타진법을 발전시킨 스승 콜비자르의 물리학적 검사 방법에 귀로 직접 듣는 청진법을 추가했다. 그의 친구인 라에네크는 로랑 벨이 죽은 뒤 1816년 청진기를 고안했으며, 1819년에는 『간접청진법』을 발표해 여러 폐질환과 진단법에 관해 설명했다. 그는 1826년 출판된 개정판에서 폐렴, 기관지확장증, 흉수저류, 기흉, 폐기종, 폐경색 등의 질환에 관한 뛰어난 기록을 남겼다.

루이는 최초로 현대적 임상통계학을 고안했다. 저서인 『병리해부학적 연구』에서 결핵이나 장티푸스의 주요 증상과 그에 일치하는 증후들을 통계로 검토했고, 당시의 만병통치약이나 방혈의 치료 효과를 통계학으로 검증했다.

그 밖에도 장 밥티스트 부요, 피에르 프랑소와 올리브 레예, 디프테리아 환자에게 최초로 기관절개술을 시행한 피에르 브리토노 등 우수한 임상가가 있었다.

파리에서는 프랑스 대혁명 이후 외과의사와 내과의사 간의 차별이 없어지고 모두 같은 의사로 통일되었다. 외과 분야에서는 루의 갑상선, 레케미에의 자궁, 리스프랑의 직장 절제술 등을 비롯한 최초의 절제술들이 시행되었으며, 기욤 듀퓌트랑이 유명했다. 내과와 외과를 제외한 의학의 여러 전문 분야의 분화도 진행되어 병리해부, 매독, 피부과, 정신과, 소아과, 노인과, 이과耳科, 법의학 등이 전문화되었고, 공중보건과 예방의학도 분화되어 발전했다.

영국의에서는 더블린과 런던에서 임상의학이 발달했다. 파리 임상학파의 영향을 받은 더블린 학파에는 갑상선기능 항진증을 기술한 로버트 그레이브스, 아담 스토우크스 증후군의 윌리엄 스토우크스, 대동맥판 폐쇄부전의 맥박을 기술한 코리갠, 전완부의 골절인 콜리스 골절을 기술한 외과의 에이브라함 콜리스 등이 유명했다.

런던의 병원의학은 가이 병원이 중심이 되었다. 신증후군을 기술한 리처드 브라이트, 부신기능 부전증을 기술한 토머스 에디슨, 라에네크의 제자로 임파선 암의 일종인 호지킨씨 병을 기술한 해부병리학자 토머스 호지킨 등이 활약했다. 이 시기에는 영국에서도 임상학파와 외과가 함께 발전하는 경향을 보였다.

빈에서도 반 스위텐과 슈툴의 구舊 빈 학파 이상으로 의학을 발전시켜 신新 빈 학파라고 부르는 의학자들이 새로운 임상의학을 발전시켰다. 요제프 스코다는 청진 및 타진법을 개량했으며, 칼 로키탄스키는 병리해부, 산과에서는 제멜바이스가 유명했다. 당시의 빈 학파에는 '도움이 되지 않는 여러 치료법은 중단하는 것이 낫다'고 생각하는 의사들이 많이 있었는데, 사람들은 그들을 '빈의 치료허무주의자'로 불렀다. 빈에서도 피부과, 매독학, 법의학 및 여러 감각기관의 질병들에 대해 새로운 전문 분야가 개설되었고, 새로운 진단과 치료법들을 응용해 발전시켰다.

19세기 전반은 의학 역사상 가장 크게 발전한 시기였으나 연구실이나 실험실이 없는 병원만으로는 충분한 의학교육이나 연구가 이루어질 수 없었다. 질병의 원인 연구 측면에서도, 단지 인체의 한 부분에 대한 병리해부학적 관찰만으로는 설명할 수 없는 부분이 남게 되었다. 즉, 기초의학에 대한 과학 지식이 부족했던 것이 이 시대 임상의학의 한계다.

콜비자르

법률가 집안에서 태어난 장 니콜라스 콜비자르는 혁명 후 에꼴 드 상테 의학교 병원의 내과 과장이 되어 프랑스 의학 발전을 주도했다. 그는 죽은 사람의 초상화를 보고 사인이 심장질환이었을 것이라고 알아맞혔을 만큼 폐와 심장질환의 명의였다. 1807년에는 나폴레옹 황제의 주치의가 되었다.

빈 학파의 영향을 받은 그는 슈톨의 『격언집』을 프랑스어로 번역했으며, 1808년에는 원래 95쪽인 아우엔부르거의 저서 『잠재성 흉강질환의 새로운 진단법』을 번역하고 보충해서 440쪽 분량의 책을 출판했다. 그는 타진법을 진단의 중요한 수단으로 확립했다. 콜비자르는 아우엔브루거의 책 내용에 진단과 부검 결과를 비교한 자신의 임상 경험을 추가해 보충했으므로 그의 책은 의사들 사이에 아주 인기가 있었다.

콜비자르는 심장질환을 기능적 장애와 기질적 장애로 나누어 설명했으며, 타진법이라는 새로운 진단법으로 심장질환을 구별하려고 노력했다. 라에네크, 로랑 베일, 듀피트렌 등은 이러한 업적을 이어 받은 그의 제자들이다.

피넬

파리 임상의학파에서 초창기에 가장 유명한 의사는 필리프 피넬이었다. 툴루즈, 몽펠리에를 거쳐 파리에서 공부한 피넬은 1798년에 『철학적 질병기술학, 분석적 방법을 의학에 응용』을 출판했는데, 이 책은 그 뒤 20년 동안 6판까지 증판을 거듭할 정도로 많은 호응을 받았다. 시드넘의 전통을 이어받아 질병을 린네의 식물분류법처럼 분류하려고 노력한 피넬의 업적은 피부과와 정신과 영역에서 지금도 영향을 주고 있다.

피넬은 정신병을 앓던 친구가 숲에서 늑대에게 물려 죽자 정신과를 공부하기 시작했다. 1792년에는 주로 정신과와 신경과 환자들을 수용한 파리 비세트르 병원과 살피트리에르 병원의 원장이 되었으며, 에꼴 드 메드신의 위생 및 내과병리학 교수가 되었다. 일생 동안 정신병 환자들의 인권과 처우 개선을 위해 노력한 피넬은 1798년 5월 24일 세계최초로 비세트르 병원에 수용되어 있던 정신병 환자 49명의 쇠사슬을 끊어주었다.

비샤

비샤는 1793년 파리 오텔 듀의 외과의사였으며, 혁명 후에는 에꼴 드 상태의 외과 과장이 된 드소의 학생으로 의학에 입문했다. 그는 각종 조직의 물리화학적 성질을 비교하고 분석했고, 정상적 또는 병리학적 조건에서 각 조직의 반응을 연구해 장기를 기본 단위로 생각한 해부병리학에 조직의 개념을 도입했다.

결핵을 앓고 있었으면서도 일년에 약 600건의 병리 해부를 할 정도로 무리하게 일하던 그는 31세의 나이에 요절했다. 비샤가 현미경을 사용하지 못한 이유는 너무나 빨리 세상을 떠났기 때문이었다. 그는 1800년에 『막에 대하여』와 『부검의 연구』를, 1801년에는 근대 조직학과 병리해부학의 기초를 확립한 저술인 『해부학 총론』을 출판해 조직이 생리적 최소 단위라고 주장했다.

라에네크

라에네크는 심음心音의 청진을 강력하게 주장했다. 1816년에 넥커 병원의 수석의사가 된 라에네크는 스승처럼 심장병에 관심이 있었다. 그는 타진에 덧붙여 환자의 가슴에 귀를 대고 심음이나 호흡음을 듣는 청진을 시행하고 있었다. 그러나 비만한 환자나 여자 환자 또는 불결한 환자 몸에 직접 귀를 갖다 대는 청진 방법을 사용하기가 힘들자 청진기를 고안했다.

라에네크가 고안한 목제 청진기는 보이지 않는 인체 안의 변화를 알 수 있는, 당시로서는 아주 새로운 개념의 신체 검사법이었다. 그는 환자의 증상을 면밀하게 살피고 기록한 뒤 부검한 결과와 대조하는 방법으로 3년 동안 자료를 모아 1819년에 『간접청진법』 두 권을 발표했다. 라에네크는 뛰어난 해부학자이며 임상가로서 병리학의 새로운 장을 열었으며, 여러 가지 질병에 관한 새로운 개념을 확립했다.

브루세

비샤의 제자인 브루세는 '생명현상은 신체의 화학적 과정을 항진하는 열이라는 자극에 의존하며, 병은 어느 특정한 장기나 내장에 국한된 자극 때문에 일어나는데, 그 모든 자극의 기원이 되는 것은 위와 장에 가해진 자극'이라고 주장했다. 그는 또 자연치유력을 부정하고 능동적 치료가 필요하다고 주장했다. 따라서 브루세는 식사를 제한하는 절식법과 환자의 온몸에 거머리를 붙여 피를 빨아내는 방혈법을 주된 치료법으로 채택했다. 그는 방혈 치료에 거머리를 사용해 유명해졌는데, 많을 때는 한 번에 10~50마리의 거머리를 썼다. 그의 치료법에 반대한 사람들은 흡혈주의라고 비난했지만 이 치료법은 인기를 끌었다. 프랑스는 1833년에 헝가리와 보헤미아 등지에서 4천만 마리 이상의 거머리를 수입해야 했다.

루이

피에르 루이는 '보수적 견해를 불필요한 열의를 가지고 옹호하는 의사'라고 브루세를 비판해 브루세의 자의적인 의학 체계에 종말을 고하도록 만들었다. 통계학자 라플라스의 영향을 받은 루이는 1835년에는 치료법의 효과를 통계학으로 검증한 『방혈법의 효과에 관한 연구』를 발표해 폐렴 치료에 방혈법이 효과가 없다는 것을 증명했다. 중세 이래 서양의 표준 치료법이었던 방혈법을 부정하고, 모든 치료법은 의학 통계학으로 검증해야 한다고 주장한 루이의 수학적 접근법은 과학적 의학의 이론적 토대를 마련한 혁명적인 업적이었다.

더블린 학파

라에네크의 가르침은 곧 아일랜드 의사들에 의해서 성과를 거두게 되는데, 이들을 더블린 학파라고 불렀다. 더블린 학파의 설립자들은 수두증을 기술하고 체인-스토우크스 호흡을 명명한 존 체인, 콜리스 골절의 에이브라함 콜리스, 심장의 전도장애를 기술한 로버트 아담스, 코리갠의 맥박을 기술한 코리갠 등이 있었지만, 가장 중요한 역할을 한 사람은 그레이브스와 스토우크스였다. 외딴 곳이라고 할 수 있는 더블린이 이 시기에 영국에서 가장 앞서서 의학을 발전시킬 수 있었던 것은 이들이 일찍부터 프랑스의 임상학파와 교류했기 때문이었다.

런던의 병원 의학

브리스톨 출신의 리처드 브라이트는 런던에서 가장 유명한 의사였다. 그는 1827년에 쓴 『의학 증례보고』에서 처음으로 신腎증후군을 기술하고 심장병이 원인인 부종과 신장병이 원인인 부종을 구분함으로써 전 유럽에 명성을 떨쳤다. 병리학적으로 신우신염과 단백뇨를 연관시킨 것은 그가 처음이었다. 1840년대의 가이 병원은 신장병 환자용 병동 외에 임상실험실과 상담실을 따로 갖추고 있었는데, 그의 실험실은 영국의 병원에서 질병의 기초연구가 이루어진 최초의 사례였다.

내성적인 성격의 병리학자 토머스 에디슨은 임상보다는 학생교육에 치중했다. 그의 대표적인 업적은 1855년에 『부신질환의 국소 및 전신적 영향』을 출판한 것이다. 당시에는 그리 큰 반응을 얻지 못했지만 클로드 베르나르가 내분비의 개념을 주장하면서 그 가치를 새롭게 인정받았다. 트로소는 후일 부신증후군을 '에디슨 병'으로 고쳐 부르자고 주장했다.

박애주의자이며 타고난 개혁가였던 토머스 호지킨은 개성이 너무 강한 탓에 가이 병원에서 쫓겨난 병리해부학자였다. 그는 1665년에 말피기가 대략 언급했던 임파선암을 1832년에 정확하게 기술해 명성을 얻었다. 또한 코리갠 보다 3년 앞서 대동맥판부전증을 기술했다.

가이 병원 소속이 아닌 런던의 임상가 중에서는 파킨슨이 유명했다. 1817년 파킨슨병을 기술해, 파열된 충수염이 사망의 원인이 된다는 것을 처음으로 밝혔다.

신 빈 학파

빈 대학은 1805년에 유럽에서 가장 먼저 '의료정책' 강좌를 개설했다. 1812년에는 처음으로 안과 진료소를 독립시켰으며 1818년에는 최초로 안과 강좌를 개설했다. 이렇게 전통 있는 의학교였지만, 반 스위텐과 슈톨 이래로 빈의 의학은 쇠퇴기에 들어서고 있었다. 1804년에 프랑크가 떠나자 이 경향은 더욱 심해졌다. 하지만 19세기 중엽에 빈 대학은 또 다시 유럽 의학의 중심으로 떠오른다. 이렇게 만든 신新 빈 학파의 중심 인물이 죠제프 스코다와 칼 로키탄스키였다.

보헤미아 출신이었던 스코다는 신 빈 학파의 지도적인 임상의로서 처음으로 빈에서 독일어로 강의한 교수였다. 물리학에도 정통했던 그는 라에네크의 간접청진법을 읽고 흉부에서 들리는 소리를 그 높낮이와 맑고 둔함 등의 물리적 성질에 따라 객관적이고 과학적으로 분류해 타진법과 청진법을 개선했다. 그러나 그는 환자를 오직 검사의 대상으로만 여겼고 의료에 있어서의 정신적 효과를 완전히 무시했다. 그는 '진단을 할 수는 있지만 치료를 기대할 수는 없다'며 의학의 한계를 비꼬았고, 그래서 그를 '빈의 치료 허무주의자'라고 불렀다.

로키탄스키는 프라하와 빈에서 의학을 공부했다. 빈 대학의 병리연구소에서 조수로 근무하다 1844년에 병리해부학의 교수가 되었으며 와그너의 후임으로 소장이 되었다. 임상의가 직접 부검을 시행했던 프랑스와는 달리 빈에서는 병리연구소에서 모든 부검을 했기 때문에 로키탄스키는 일생 동안 3만 건이 넘는 부검을 할 수 있었다.

이렇게 처음으로 임상과 연구를 분리해 연구의 전문화를 시도한 빈의 사례는 훗날 독일 의학에 커다란 영향을 끼쳤다. 로키탄스키는 심내막염에서 박테리아를 처음으로 발견했고 폐렴을 대엽성과 소엽성으로 구분했다. 또한 동맥의 질병에 관한 1852년의 저술은 그의 대표적 업적이다. 폐기종의 현미경 소견이나 척추의 변형에 관해 처음으로 기술한 것도 그였다.

스코다와 로키탄스키에 이은 신 빈 학파의 대표적 인물로는 조직학적 피부과학의 창설자라고 할 수 있는 폰 헤브라가 있다. 그는 피부 병변을 체액의 변화와 같은 전신 상태의 변화에 동반되는 이상이 아닌, 순수한 국소병변으로 여기고 해부

병리학적으로 분류했으며 치료는 주로 외용약을 사용했다. 그
역시 효과 없는 치료는 하지 않는 것이 오히려 낫다는 대표적
치료 허무주의자로 가끔 플라시보(가짜 약)를 쓰기도 했다. 그
의 제자들로는 카포지, 노이만, 픽 등이 있었다.

신 빈 학파의 가장 큰 업적은 스코다와 로키탄스키의 제자
로 1846년에 빈의 제1산과 병동의 조수가 된 헝가리 출신의
의사 제멜바이스에 의해 이루어지게 된다. 그는 당시까지 산
모들의 건강을 심각하게 위협하던 산욕열의 진짜 원인을 밝혀
냈다.

신 빈 학파는 빈에 연수를 다녀올 때까지는 의사로서의 공
부가 끝난 게 아니라는 말이 있었을 정도로 프랑스 임상학파
이후의 유럽 의학을 주도했다. 독일 의학을 선도한 피르호도
신 빈 학파의 영향을 받은 의학자였다.

제멜바이스

이그나츠 필립 제멜바이스는 헝가리 출신으로 가스코나와
로키탄스키의 제자였다. 그가 빈 병원 제1산과 병동의 조수가
된 1846년은 신 빈 학파가 전성기를 맞으려던 때였다. 당시
산욕열로 인한 산모의 사망률은 병동에 따라 매우 달랐다. 즉,
조산부들이 환자를 돌보는 제2병동은 3% 정도였는데 비해 의
과대생들이 실습을 하는 제1병동은 10%의 사망률을 기록하
고 있었다. 제멜바이스는 이러한 차이가 부검 실습실에서 바

로 산과 병동으로 가서 강의를 듣고 내진을 하는 학생들의 깨끗하지 않은 손에 의해 산욕열이 감염되기 때문이라고 추측했다. 그는 산과 증례를 진찰할 때에는 누구든 염화칼슘 용액으로 손을 씻도록 했고, 그 결과 제1병동의 사망률은 9.92%에서 3.8%로 그 다음 해에는 1.27%로 감소했다.

그러나 오염된 손으로 진찰을 계속하는 산과의들의 행동을 맹렬히 비난해 수많은 적을 만든 제멜바이스는 1851년 빈을 떠나 고향 부다페스트의 성 로쿠스 병원으로 옮겨야만 했다. 1861년에 대표작인 『산욕열의 원인, 개념 및 치료에 관하여』를 발표한 그는 1865년, 47세에 정신과 질환으로 사망했다.

독일의 실험실 의학과 현대의학의 태동

　기초의학이 분화되기 직전인 19세기 초의 마지막 박물학자이며 근대 독일의학의 선구자인 요하네스 뮐러는 생리학, 조직학, 발생학, 병리해부학, 비교 해부학을 베를린에서 가르쳤다. 슈반, 헨레, 피르호, 헬름홀츠 등이 그의 제자들이었다.

　슈반은 1838년 식물학자이던 슐레이덴과 함께 모든 생물은 세포로 이루어져 있다는 이론을 발표하고 세포가 블라스템이라는 단백질에서 생긴다고 주장했다. 1854년에는 피르호가 세포는 세포로부터 생긴다는 것을 증명해 '세포설'을 완성시켰다. 헨레는 조직학적 구조의 발견과 그 서술에 뛰어난 재능을 보였다. 당시 지도적 임상의이기도 했던 그는 저서『병리연구』에서 미생물에 의해 유행병이 전염된다는 이론을 지지했다.

그는 미생물이 질병의 원인균이 되기 위해서는 균이 항상 존재할 것, 분리가 가능할 것, 같은 병을 일으킬 수 있을 것 등의 조건을 충족해야 한다고 주장했다.

조직학의 발전은 독일의 의학자들이 주도했다. 최초로 조직 절편기를 사용한 풀키니에는 뇌의 신경절세포를 연구했고 지문의 중요성을 언급했다. 평활근, 정자 등을 연구한 쾰리커는 최초의 조직학 교과서를 만들고 세포설을 발생학에 도입했다. 신경의 경로와 변성을 연구한 왈러와 세포분열의 기전을 설명한 플레밍, 염색체라는 단어를 만들고 뉴런설說을 주장했으며 목 주위의 편도선들에 그의 이름을 남긴 발다이어 등도 모두 이 시대에 활약했다. 또한 폰 겔라흐, 막스 슐츠, 칼 바이게르트, 파울 에를리히 등은 조직을 염색하는 방법을 개선했으며, 클레프스는 1869년에 파라핀 포매법을, 블룸은 1895년에 포름알데하이드 고정법을 개발했다.

발생학은 1827년에 포유동물의 난자를 기술한 베어 등에 의해 조직학과 더불어 발전했다. 생리학의 분야에서는 물리학의 영향을 받은 실험생리학이 발전했다. 마장디는 파리 임상학파에서 처음으로 실험의학을 도입했다. 그는 사체해부가 아닌 생체 동물 실험을 했으며 척수의 신경생리 연구에 업적을 남겼다. 브로카는 갈과 부요 등이 주장한 대뇌피질의 기능국재설을 확립하고 언어 중추를 기술했으며, 웨버는 신경의 역치와 억제의 개념을 기술했다. 전기생리학의 기초를 세운 뒤 부아 레몽과 검안경을 발명한 헬름홀츠 등도 이 시기에 활약했다.

화학의 발전에 따라 생리학이 변화하면서 생화학이 시작되었다. 폰 리비히는 화학분석적 방법으로 생명과정을 해명하려고 시도했으며, 식품을 탄수화물, 단백질, 지방으로 분류하고 대사와 영양을 연구했다. 뵐러는 1828년에 요소를 합성했고, 페텐코퍼, 포이트, 쇼보, 루브너 등의 대사 연구로 과학적 식이요법이 도입되었다. 1883년에는 슈반이 펩신을 발견해 소화가 화학적 작용임을 다시 한 번 확인했다. 프랑스의 클로드 베르나르는 질병을 실험의학적 방법으로 체계화하는데 공헌했다. 피르호와 함께 근대 서양의학의 기초를 확립한 베르나르는 간에서 글라이코젠이 합성되는 것을 발견해, 최초로 인체가 물질을 합성할 수 있다는 것을 밝혔다. 그는 내분비라는 용어를 처음으로 사용했다. 혈관운동신경에 관한 연구로도 유명한 그의 저서로는 1865년에 출판된 『실험의학 서설』이 있다. 그 밖에도 내분비학의 창설자로 불리며 호르몬 요법을 시행한 것으로 유명했던 브라운 세카르, 피르호의 제자로 헤모글로빈을 발견했고 생화학을 독립된 학문으로 분리시킨 호페 사일러 등이 이 시기에 활약했다. 한편 기압의 변화에 따른 생리적 변화를 연구한 폴 베르는 항공의학의 선구자가 되었다.

독일의 루돌프 피르호는 세포설을 병리학 연구에 도입해 세포병리학을 정립했다. 그는 질병의 기본 단위를 비샤의 '조직'에서 '세포'로 구체화시켰으며, 1858년에는 『세포병리학』을 출판해 육안적 병리학을 현미경적 병리학으로 발전시켰다.

그는 백혈병, 색전증과 혈전증, 아밀로이드, 마이엘린 등을 기술했으며 인류학, 고고학, 공중위생 등의 분야에서도 많은 업적을 남겼다.

한편 이제까지 경험적으로 사용되어 왔던 약제들이 생리학적 시험과 성분 분석방법의 발전에 힘입어 분리, 정제된 물질로서 치료에 사용되기 시작하면서 본격적인 약리학이 확립되었다. 1806년에 세르튀너가 몰핀을 정제하자 1818년에는 마인이 벨라돈나로부터 아트로핀을 추출했고 스트리키닌, 키니네, 에메틴이 차례로 분리되었다. 마장디가 에메틴, 브로마이드, 요드 등을, 베르나르는 아편, 니코틴, 에텔, 큐라레 등의 작용을 분석했다. 이런 성과에 힘입어 독일에서는 루돌프 브으하임에 의해 최초로 약리학이 별도의 학과로 개설되었다. 그의 제자 오스발트 슈미트베르크는 디지탈리스와 히스타민 연구에 업적을 남겼다.

19세기 기초의학의 발달은 인체에 대한 지식을 증가시켜, 인체의 구조와 질병을 더욱 정확하게 연관시킬 수 있게 만들었다. 의학은 이런 지식을 바탕으로 호흡이나 소화 등의 생리적 현상을 과학적으로 설명할 수 있게 되어 19세기 후반 독일이 지도적 역할을 했던 '실험실 의학'의 시대를 열었다. 이 시기에 실험실에서 얻은 생리학, 실험적 병리학, 약리학 분야의 결과들은 임상적 지식 특히 진단지식 측면에서 크게 기여했다. 하지만 직접 치료에 응용되기까지는 아직 수십 년의 시간이 필요했다. 한편, 1870년에서 1880년대에 걸친 미생물학의 발전은 실험실 의학의 중요성을 결정적으로 증명하는 계기가 되었고, 그 영향으로 세계 곳곳에 실험실을 갖춘 대학과 연구소들이 생겨나게 되었다.

뮐러

1823년에 본 의과대학을 졸업하고 1830년에 본 대학의 교수가 된 요하네스 뮐러는 3년 후에 베를린 대학으로 옮겨 뒤 해부학, 생리학, 병리학 교수를 겸임했다. 슈반, 피르호, 헨레, 헬름홀츠 등 다음 시대의 독일 의학을 지도한 수많은 그의 제자들은 이 '베를린 스쿨'에서 길러졌다. 뮐러는 1833년에 『인체생리 매뉴얼』을 출판해 새로운 지식들을 보충했다. 이 책은 연구방법론의 관점에서 볼 때, 당시 독일에 만연하고 있던 관념적인 자연철학 연구를 새로운 실증적인 실험적 연구로 전환시키는 중대한 전환점이 되었다. 그는 병리해부학의 분야에서 처음으로 현미경을 사용할 것을 주장한 인물로, 연골이나 뼈의 종양조직을 기술하고 혈액의 구성에 관해 연구했으며 음성이 후두에서 발생된다는 것을 밝혀내기도 했다.

만년의 뮐러는 불가사리, 해삼, 상어 등 바다 생물들에 관한 연구로 동물학과 비교해부학의 분야에서 역사적인 업적을 남겼다. 그는 평생 15,000페이지의 인쇄물과 350쪽의 그림을 남긴 독일 최후의 박물학자였으며 근대 독일 의학의 나아갈 방향을 제시한 선구자였다.

마장디

동물의 생체실험이라는 생리학 연구 방법론을 확립한 프랑소와 마장디는 베르나르, 파블로프, 뢰브, 에를리히로 연결되는 실험생리학의 선구자였다. 그는 영국의 벨이 주장했던 척추의 전근은 운동신경이고 후근은 감각신경이라는 사실을 실험을 통해 증명했다. 또 연하와 구토의 작용원리를 밝혀냈고 소뇌 또는 시상하부의 부분적 절단이 동물에 미치는 영향을 연구했다. 그는 정맥 혈류의 흐름 역시 심장의 수축력에 의존한다는 것을 밝혀 정해진 부위에서 방혈을 시행해야만 효과가 있다는 그때까지의 이론이 근거 없는 것이라는 것을 입증하기도 했다.

근대 약물학의 창시자로 불리기도 하는 그는 브로마인, 요오드 화합물, 식물로부터 추출한 알칼로이드인 스트리키닌, 모르핀, 베라트린, 브루신, 피페린, 에메틴 등의 약리효과를 검토했다. 그리고 토끼를 달걀의 알부민으로 감작(sensitization)시킨 다음 다시 투여하면 죽어버리는 아나필락시스 현상을 최초로 보고하기도 했다. 병리학이란 환자의 생리학일 뿐이라고 주장해 새로운 생리학의 분야를 개척한 마장디는 1831년에 꼴레쥐의 해부학 교수가 되었고, 1837년에는 프랑스 과학아카데미의 의장이 되었다. 저서로는 1816년에서 1817년에 걸쳐 쓴 『생리학의 원리』가 대표적이다.

베르나르

근대 프랑스 의학사에서 가장 위대한 생리학자로 꼽히는 클로드 베르나르는 19세에 마장디의 조수로 들어가 의학의 길로 들어섰다. 당대 최고의 생리학자였던 마장디가 자신보다 뛰어나다고 칭찬했다는 베르나르는 3년간의 연구 끝에 1850년에 비로소 생체 내에서 글리코겐이 생합성 된다는 사실을 밝혀냈다. 이는 생체가 물질을 합성한다는 최초의 증거였다. 내분비라는 용어는 베르나르가 이 때 최초로 사용한 용어였다. 1849년에서 1856년에 걸친 췌액에 관한 연구와 1851년에서 1853년에 걸친 혈관운동신경에 관한 연구 역시 그의 대표적인 업적이다. 그는 또 큐라레에 의한 마비를 약리학적으로 검토하거나 일산화탄소가 헤모글로빈과 특이적으로 결합하는 사실을 밝혀내기도 했다. 이를 바탕으로 특수한 약물이 특정한 질병을 일으키며, 특수한 질병은 특정한 약물로 고쳐질 수 있다는 약리학적 치료법의 개념을 확립했다.

뮐러와 베르나르는 관찰과 실험을 중요시 여겼다. 뮐러가 관찰에 좀더 기울어 있었던 것에 비해, 베르나르는 실험에 중점을 두었다. 베르나르는 특히 화학적, 물리적 방법에 의한 인공적 질병의 재현을 생체에 시도한 실험의학 및 생화학의 창시자였다. 1855년 그는 마장디의 뒤를 이어 꼴레쥐의 생리학교수가 되었고, 1865년 18권의 『실험의학 서설』을 출판했다.

헨레

조직학 분야에서 해부학에서의 베살리우스에 비견되는 업적을 남긴 야콥 헨레는 요하네스 뮐러가 총애하던 제자였다. 그는 인체의 각종 상피세포를 조직학적으로 규명한 조직학의 창시자였으며, 해부학을 재정비한 뛰어난 해부학자이기도 했다. 1841년에 출판한 『일반해부학』에서는 비샤의 학설에서 한발 더 나아간 현미경적 해부학을 기술했다. 1866년에서 1871년에 걸쳐서는 3권으로 된 『해부학 핸드북』을 출판했다. 그는 이 책의 해부도를 직접 그렸는데 단면과 축선의 개념을 처음으로 도입했고 복잡하기 이를 데 없었던 해부학의 용어들을 간결하게 정리했다.

그는 1840년에 동물전염의 개념을 설명한 『독기와 전염』이라는 글을 썼다. 이것은 실험적 증거가 없는 논리적 학설에 불과했지만, 전염성 질환의 원인에 관한 올바른 인식을 심어준 중대한 업적이었다. 이 책에서 헨레는 인체 내에서 증식하는 동물성 전염체가 유행병을 전파하는 역할을 할 것이라고 추측했다.

분더리히

산토리오가 체온계를 최초로 사용한 뒤 레이덴의 뵈르하아베와 빈의 디 하엔이 병원에서 환자의 체온을 측정하기 시작했다. 하지만 일반 의사들이 모든 환자의 체온을 측정하고, 오늘날 의무기록의 첫 부분에 체온 변화를 기록한 표가 첨가된 것은 분더리히의 공로 때문이다. 1850년부터 라이프치히 병원의 책임자로 초청되어 라이프치히를 독일 의학의 중심적 도시로 만드는데 주도적 역할을 했던 분더리히는 일생 동안 질병과 체온 변화의 관계를 관찰하고 연구했다. 1868년에 발표한 「질병과 동물의 발열에 관한 논문」은 특정 질병에서의 체온 변화의 의미를 연구한 그의 대표적인 업적이었다.

피르호

세포병리학의 창시자 피르호는 현대의학의 여명기에 가장 큰 영향력을 발휘한 사람 가운데 하나이다. 그는 1839년 베를린 육군 의학교에 입학해 요하네스 뮐러와 쉔라인으로부터 의학을 배웠고, 1843년에 졸업하면서 샤리테 병원에서 프로립의 조수로 근무하다 3년 뒤 그의 직책을 이어 받았다. 그는 혈전증이 정맥염의 본질적 병태임을 기술했고 백혈병의 병리를 정립했다. 사회의학에도 관심이 많았던 피르호는 위생상태의 개선과 체계적 사회 복지제도의 필요성 및 민주주의와 개인의 자유의 중요성을 주장하다 정부와 마찰을 일으켜, 1849년 뷔르츠부르크의 병리해부학 교수로 옮겨갔다. 뷔르츠부르크에서 연구에 전념하며 많은 업적을 쌓은 피르호는 1856년 베를린 대학의 병리학 강좌의 교수가 되어 돌아왔고 독립 연구소인 병리연구소의 책임자가 되었다. 이후 피르호는 베를린 의학파의 구심점으로서 해부학과 병리학은 물론, 위생학, 역학, 고고학, 인류학 등 다방면에 걸친 학술 활동과 더불어 인간의 자유와 개인의 권리를 보장하기 위한 사회개혁운동에 열중했다.

'의학은 사회과학이다'라고 주장하던 피르호는 프러시아의 하원의원으로 일하기도 했으며, 프랑스와의 전쟁이 일어나자 프러시아의 응급환자 수송부대를 조직하고 야전병원을 창설하는 책임을 맡기도 했다. 그는 또 베를린의 하수도 체계를 개선하는 등 위생개혁에도 공헌했다. 의학의 역사상 모르가니 이후 가장 위대한 병리학자로 평가되고 있는 그가 1858년에 출판한『세포병리학』은 인체는 세포로 이루어져 있으며 질병은 세포의 변화에 의해 생긴다는 개념을 확립한 책이었다. 호페 사일러, 폰 렉클링하우젠, 코온하임 등이 그의 제자였다.

헬름홀츠

헬름홀츠는 원래 물리학을 공부하고 싶었으나 집안이 가난해 수업료를 정부가 보조하는 대신 군의관으로 일정 기간을 근무해야 하는 베를린의 프리드리히 빌헬름 의학교를 다녔다. 여기서 의학 이외에 물리학과 화학의 강좌를 수강하고 혼자서 수학도 공부했던 그는 군대에서「에너지의 보존」이라는 논문을 발표해 열역학의 법칙을 확립했다.

1849년 쾨니스베르크 대학의 생리학 및 일반 병리학의 교수를 시작으로 본 대학과 하이델베르크의 생리학 교수를 역임한 그는 주로 감각기관의 생리학을 연구했는데 특히 눈과 귀, 신경에 관한 업적이 뛰어났다. 1856년과 1866년 사이에 출판된 『눈의 생리』는 영국의 의학자 영의 색각에 관한 학설을 재도입한 그의 대표적 업적이었으며 1869년 발표한 중이의 고막과 이소골耳小骨의 기능에 관한 논문은 청각기관의 생리 연구에 크게 공헌했다. 그는 1850년에서 1852년 사이에 신경의 전달속도를 자신이 개발한 근운동기록기로 측정했으며 1851년에는 검안경을, 1852년에는 각막곡률계를 발명했다. 그의 이러한 검사법 개발은 물리학과 같은 이론적 기초과학 연구가 의학에 구체적으로 이용될 수 있다는 사실을 널리 인식시키는 계기가 되었다. 그는 1871년에 베를린 대학의 물리학 교수가 되었는데 최초부터 희망하던 전공으로 돌아온 그는 유체, 열, 전기의 운동에 관한 계측물리학, 물리화학 등의 분야에서 훌륭한 업적을 남겼다.

세균의 발견과 면역학적 치료법

16세기에 이미 프라카스토로는 전염병에 관한 가설을 주장했고, 뒤를 이어 17세기에 키르허가 '동물전염체'라는 개념을 도입했다. 그리고 18세기에는 란치시와 린네가 말라리아와 모기의 관련을 연구한 것으로 계속 이어져 왔다. 19세기 후반에 현미경의 발달로 세균을 볼 수 있게 되자 세균이 질병을 일으킨다는 전염설이 다시 힘을 얻었다. 원래 레벤후크가 처음으로 세균의 존재를 관찰했지만 질병을 일으키는 세균이 확인된 것은 1850년에 카지미르 다벤느와 피에르 레예가 가축에서 탄저균을 발견한 것이 최초였다.

프랑스의 화학자 루이 파스퇴르는 와인의 발효에 관한 연구 과정에서 미생물의 관여를 확인했다. 그는 실험을 통해 세균의 자연발생설을 부정했고, 저온살균법을 창안했다. 말년에는 광견병의 예방접종을 처음 시작하는 등 전염병의 예방접종법을 확립해 면역학 분야를 개척했다.

로베르트 코흐는 헨레의 제자로 괴팅겐 대학에서 공부한 의사였다. 그는 세균의 배양과 염색 및 고정법을 개발했고, 세균이 전염병의 원인이라는 학설을 확립했다. 그는 결핵균을 발견하고 튜버클린을 발명했으며, 콜레라균과 소의 탄저균 등을 발견했다. 코흐는 유기체가 어떤 질병의 원인임을 증명하기 위해서는 동일한 병원체가 모든 환자에게서 발견되어야 하며, 다른 질병에서 그 병원체가 발견되어서는 안 된다고 주장했다. 또한 병원체를 분리하고 배양할 수 있어야 하고, 그 병원체를 투여해 같은 병이 유발되어야 한다고 했다. 또 접종해서 질병이 생긴 동물에서 같은 병원균이 나와야 한다는 조건을 모두 만족해야 한다고 주장했다.

이러한 미생물학의 발달로 면역학 개념이 형성되었다. 또한 파상풍, 뱀독, 디프테리아 등에 대한 항독소가 발견되어 혈청요법이 확립되었다. 또 건강한 사람도 전염병을 옮길 수 있다는 것과 전염병이 모기나 쥐벼룩, 기생충 같은 매개체가 전파한다는 사실이 밝혀져 더욱 효과적으로 질병을 예방할 수 있는 길이 열렸다. 다시 말해, 19세기 후반에 이르러 미생물학이 발전해 질병의 원인이 밝혀졌기 때문에 예방과 치료를 할 수 있었다.

파스퇴르

프랑스 최고의 과학자로 불리는 파스퇴르의 주요 업적은 다음과 같다. 광학적 이성질체의 발견(1848), 발효에 관한 연구(1857), 자연발생설을 부정하는 연구(1862), 와인에 관한 연구(1863), 누에에 관한 연구(1865), 맥주 속의 미생물에 관한 연구와 양의 비탈저, 닭콜레라에 관한 연구(1871), 이 병들의 예방접종에 관한 연구(1877), 광견병 예방 접종에 관한 연구(1885)를 들 수 있다.

파스퇴르는 실험을 위한 실험이 아닌 실제로 필요한 실험을 해서 문제를 해결하는 뛰어난 통찰력과 실행 능력을 겸비한 위대한 과학자다. 1863년에서 1865년에 걸쳐 그는 와인의 맛과 향기에 영향을 주지 않으면서도 오래 보관할 수 있는 저온살균법(파스퇴리제이션)을 고안했다. 1870년부터 5년에 걸쳐 진행한 실험 끝에 누에에 유행하던 전염병의 병원균을 바로잡아 그 예방법을 개발했다. 1881년에는 양의 유행병인 비탈저의 백신을 개발했다.

파스퇴르는 예방접종을 백시네이션이라고 이름 붙였다. 말년에는 광견병의 예방접종을 시행해 면역학이라는 새로운 분야를 개척했다. 파스퇴르 연구소에서 그와 함께 일한 제자들 중에는 식세포의 기능을 밝힌 메치니코프, 디프테리아 항독소를 개발한 루, 페스트의 원인균을 밝힌 엘신 등이 있다.

코흐

로베르트 코흐는 1876년 4월 비탈저균의 완전한 생활사를 밝혀내며 혜성같이 독일 의학계에 나타났다. 1877년에는 세균의 고정법과 염색법을, 1878년에는 외상에 합병되는 여섯 종류의 세균을 동정, 배양해 병리 소견과 같이 발표하는 업적을 남겼다. 또한 1882년에 특수한 염색법을 도입해 결핵균을 발견하는데 성공했으며, 이 논문에서 유명한 6개항에 걸친 '코흐의 선결요건'을 주장했다.

1883년 이집트와 인도에 콜레라가 발생하자 콜레라 조사단의 단장으로 파견된 코흐는 비브리오 콜레라균과 그 전염 경로를 밝혀내는 데 성공했다. 이집트에서는 우연히 전염성 결막염의 원인균을 발견하는 성과를 올렸다. 코흐는 1885년에는 베를린 대학의 위생 및 세균학의 교수로 임용되었으며, 여기서 그라프키, 뢰플러, 파이퍼, 웰치, 키타사토 등을 비롯해 세계 여러 나라에서 온 제자들과 함께 많은 연구 업적을 쌓았다.

에를리히

파울 에를리히는 세균성 질환에서 면역성을 향상시킬 수 있는 방법을 연구했는데, 디프테리아의 항독소에 관한 연구로 수동 면역과 능동 면역의 개념을 정립했다. 1899년 프랑크푸르트에 설립된 국립실험치료연구소의 책임을 맡은 에를리히는 생체분자와 화학물질 사이에 특이한 결합이 존재할 수 있다는 측쇄설을 근거로 해서 매독 같은 병균에는 독성을 가지며 인체에는 별로 해롭지 않은 물질을 개발하는 연구에 몰두했다. 에를리히는 1910년 마침내 몇 년 동안 시행착오를 겪은 뒤에 606번째 화합물인 살발산을 그의 일본인 제자 하타와 함께 만들었다. 곧이어 독성을 약하게 한 914번째 화합물 네오살발산을 개발해 화학요법이라는 획기적이고도 새로운 방법을 감염증 치료에 도입했다.

마취법과 소독법에 따른 외과의 발전

외과학은 19세기에 들어와 획기적으로 발전했다. 이 시기에 질병의 원인을 장기의 국소적 변화에서 찾는 국소주의 병리학이 발달했다. 또한 마취술이 발달해 에텔이나 클로르포름 같은 마취제를 사용했으며, 수술이나 상처 치료와 관련한 무균법이 확립되었다.

새로운 빈 학파의 산과의사 이그나츠 제멜바이스는 1847년에 시체 해부 실습실에서 나온 의사들과 의학도들의 더러운 손에서 산욕열이 생긴다고 판단했다. 그래서 산모를 검사하기 전에 손을 염소 용액으로 닦으면 사망률이 아주 많이 줄어든다는 사실을 증명했다. 그는 또 산욕열이 창상열과 같다는 것을 입증했는데, 이보다 앞서 1843년에 보스턴의 올리버 웬델

홈즈도 비슷한 주장을 했다.

한편 조셉 리스터는 1860년에 석탄산을 사용해 수술장과 수술 부위를 소독하는 방법을 개발했다. 1865년에 개방골절을 절단하지 않고 수술하는 데 성공하자 드디어 갈렌의 생리적 화농설이 잘못되었음이 밝혀졌다. 베를린의 심멜부쉬와 파리의 옥타브 테리옹은 이 소독법을 개선하고, 의료기를 증기로 소독하는 방법을 고안했다.

환자에게 고통을 덜 주는 수술을 할 수 있게 만든 마취법의 발달 역시 외과 발전에 큰 영향을 주었다. 미국의 치과의사 호레이스 웰즈가 1844년 처음으로 소기笑氣를 사용해 환자를 마취한 뒤 이를 뽑은 것이 전신마취의 시작이라고 볼 수 있다. 1842년 크로포드 롱이 조지아에서 처음으로 에텔로 마취를 하는 데 성공했다. 1846년에는 몰턴이 존 콜린스 워렌을 테텔로 마취한 뒤 목 부위의 종양을 절제하는 데 성공했다. 영국의 심프슨은 1847년에 클로로포름을 도입했다. 런던의 존 스노우는 영국 최초의 마취 전문 의사가 되었다. 1884년에는 칼 콜러가 안과에 코카인을 사용한 국소마취를 도입했다.

그 밖에 쾨베르레와 페안은 지혈겸자를 개발했다. 홀스테드는 지혈겸자를 개선하고, 고무장갑을 개발했다. 칼 루게는 동결절편생검을 처음으로 시행해 수술 현장에서 조직의 병리소견을 직접 확인할 수 있게 만들었다.

테오도르 빌로트는 식도절제술, 유문절제술, 소장절제술을 처음으로 시행했으며, 그의 제자 웰플러는 위-장문합술을 시행했다. 또 구스타프 사이먼이 신장절제술을, 심즈가 담낭절제술을 시행했다. 맥웨이와 빅터 호슬리는 뇌와 척수의 종양수술을, 칼 티르쉬는 피부이식수술을 한 최초의 의사들이었다.

미국에서는 산과가 발전했다. 1809년에 미국 의사 이프레임 맥도웰이 처음으로 난소절제술을 시행했다. 제임스 매리온심즈는 1852년 당시 부인과 영역에서 가장 어려운 문제인 방광-질루의 수술에 성공했다. 테트는 난관임신의 절제술과 자궁절제 수술을 했으며, 프로인트가 자궁절제법을 개선했다. 1876년에는 포로가, 1882년에는 셍거가 제왕절개술을 개선했다. 칼 지그문트 크레데가 출산 뒤의 태반제거법을 도입했으며, 신생아의 눈에 질산은을 점안하는 방법을 고안해 유아의 임질성 안염과 실명을 방지했다.

리스터

파스퇴르의 미생물에 관한 기초적 연구를 실제로 임상의학에 응용해 발전시킨 사람이 리스터였다. 그는 홍채가 평활근으로 이루어져 있으며, 평활근이 수축과 이완을 해 눈동자의 크기가 조절된다는 사실을 처음으로 밝혀냈다. 또한 그는 몸에서 흡수되는 봉합실을 개발하기도 했다.

무엇보다 그의 가장 위대한 업적은 외과 수술에 소독 개념을 처음으로 도입한 것이다. 파스퇴르의 '와인의 발효와 부패에 관한 논문'에서 암시를 얻은 리스터는 석탄산을 사용해 복합골절을 절단하지 않고 수술하는 데 성공했다. 1867년에 그가 발표한 「외과 치료에서의 무균적 수술법」이라는 논문에 따르면, 1864년에서 1866년에 걸쳐 글래스고에서 시행된 사지절단수술의 사망률은 45%에 달했지만, 1865년에서 1867년 동안 무균적 수술을 받은 주요 절단 수술 환자 40명 중 6명만이 사망해 사망률이 15%로 낮아지는 놀라운 성적을 보였다. 리스터의 이 소독법은 곧 세계로 퍼져 나갔고, 몇 년 뒤 코흐가 상처 부위에 주로 감염되는 병균의 종류와 성상을 밝혀내자 더욱 확고하게 인정받았다.

리스터는 뛰어난 기술을 가진 외과의사는 아니었지만 성실하고 정확한 수술을 하는 시술자였다. 의학 윤리에서도 히포크라테스의 전통을 이어 받은 리스터는 1883년 제멜바이스의 업적을 듣고 나서 무균소독법의 선구자는 자신이 아닌 제멜바이스라고 흔쾌히 인정했다.

빌로트

외과의사 테오도르 빌로트는 몸속 장기 수술이라는 새로운 분야를 개척하고 발전시켰다. 그는 베를린 의과대학을 졸업하고 빈과 파리에서 연수를 마친 뒤 병원을 개업했는데, 두 달 동안 환자가 한 사람도 오지 않자 독일 최고의 외과의사로 명성을 떨치고 있던 랑겐벡의 조수로 취직했다. 빌로트는 그에게 수술법뿐만 아니라 의사로서의 성실성과 양심에 대해서도 많은 것을 배웠다. 빌로트는 1856년에 베를린의 외과 및 해부 병리학 강사가 되었고, 4년 뒤에는 취리히의 외과교수가 되었다. 1867년 빈의 외과교수가 되어 죽기 직전인 1894년까지 재직했다.

1872년 그는 식도절제술을 시행했고, 다음 해에는 후두절제술을 시행했다. 1881년에는 위 유문부의 암을 절제하는 데 성공하는 등 복부외과의 개척자라는 명성에 걸맞은 뛰어난 업적을 남겼다. 그는 미쿨리츠, 체르니, 뷜플러, 아이젤스버그 등 우수한 제자들과 더불어 일생 동안 기존의 수술법을 개선하고 새로운 방법을 개발하기 위해 노력했다. 빌로트는 나중에 내장수술의 창시자라는 이름을 얻는데, 모두 이 시대에 이룬 업적 덕분이다.

의학의 분화

19세기에는 의학의 전문화가 이루어졌다. 그 배경에는 인구가 밀집된 도시에서 비슷한 질환을 앓는 사람들이 늘어났고, 국소병리학이 발달했으며, 인체를 더 객관적으로 검사하고 처치할 수 있는 의료기구가 발달한 것을 들 수 있다. 지역별로는 빈, 파리, 베를린의 순서로 새로운 전문 분야의 외래 진료와 강좌가 개설되었다.

의학에서 특정한 영역의 전문화는 일반적으로 신진 전문의들이 빈민들을 무료로 치료해주던 종합 병원에 특수 외래 진료소를 개설하는 것으로 시작되었다. 즉, 전문 분야를 만들어 부속 병원에서 전문 과목을 개설하고, 대학에서 강좌를 열고, 학회를 결성하거나 전문 잡지를 창간하는 순서로 전문화가 이루어진 것이다.

정형외과와 물리요법은 계몽주의의 영향, 즉 장애 어린이들에 대한 인도주의적 관심에서 비롯되었다. 1741년에 니콜라스 안드리는 정형외과학이라는 표현을 처음 사용했다. 1780년에 스위스의 베넬이 장애 어린이를 위한 연구소를 만들었다. 1851년에 베렌트는 베를린에 정형외과 연구소를 설립했다. 1875년에서 1900년 사이에 세계 각국의 의과대학 부속병원에 정형외과가 개설되었고, 마사지와 체조를 포함하는 물리치료도 이 시기에 부활했다.

안과는 18세기 말까지 무면허 의사들이 취급한 분야였다. 1748년에 자크 다비엘이 백내장 수술법을 개선했고, 토머스 영이 빛의 굴절에 관한 연구 성과가 19세기 초반 안과의 전문화를 가능하게 했다. 1805년에 존 선더즈가 영국 최초로 안과 전문 병원을 열었다. 1812년에 요셉 베어는 빈 대학에서 최초의 안과학 교수가 되었다. 1820년에는 뉴욕에도 안과 병원이 생겼다.

안과학은 1851년에 헬름홀츠의 검안경 발명과 던더스의 빛의 굴절에 관한 연구 등으로 체계 있는 학문으로 자리를 잡았다. 알브레히트 폰 그레페는 사시와 녹내장 수술에 성공해 근대 안과학을 창시했다. 1860년대에 들어서면서 각 대학에 안과학 강좌가 개설되었고, 70년대에는 대학병원에 안과 외래가 개설되었다. 1884년에는 콜러가 수술에 국소마취를 도입했다.

원래 안과와 같이 다루었던 이과耳科는 안과에서 독립해 후두과학喉頭科學, 비과학鼻科學과 통합되었다. 1841년에 호프만이 고안한 중앙에 구멍이 뚫린 거울은 아담 폴리처가 널리 보급해 오늘날 이비인후과 의사들의 상징인 액대요면경이 되었다. 1860년대에 독일에서 개설하기 시작한 이과학 강좌들은 유럽 전체로 퍼졌다. 더블린의 로버트 와일드와 헤르만 슈바르체 등이 수술법을 발전시켰다. 후두경은 마누엘 가르시아가 개발했고, 튀르크와 체르마크가 개량해서 후두경을 사용한 검사법을 보급했다. 1873년에 뉴욕에서 후두학회가 창립되었다. 기관지경 검사법은 1898년에 구스타프 킬리안이 도입했고, 1900년에 미국의 셰발리어 잭슨이 개량했다.

비뇨기과에서는 1824년에 파리에서 방광쇄석기를 도입했다. 1876년에 막스 니체는 방광경을 발명했다.

소아과는 루소와 같은 계몽주의 철학자들의 영향, 식품의 화학 분석과 영양에 관한 연구 및 발전한 세균학의 영향을 받아 발전했다. 프랑스의 샤를 빌라르, 영국의 찰스 웨스트는 소아과의 병원의학을 대표한 의사들이었다. 1802년 파리에 소아과 전문병원이 처음 생긴 것을 시작으로 1852년에는 런던에도 최초의 소아과 병원이 들어섰다.

피부과는 1777년에 로리의 저술을 기원으로 하고 있다. 18세기 영국의 로버트 윌란, 프랑스의 장 루이 알리베르가 체계화했으며, 빈의 페르디난트 폰 헤브라가 조직학과 병리학을 피부과에 도입해 1870년대에 전문 분과로 독립시켰다. 프랑스의 필립 리코르, 장 알프레드 푸르니에, 독일의 에르프, 영국의 죠나단 허친슨 등이 매독 연구에 업적을 남겼다. 또한 나이서, 뒤크레이, 샤우딘 등이 병원체를 발견하면서 성병의 진단과 치료법이 발달했다.

신경과에는 1846년에 최초의 체계적인 신경학 책을 저술한 모리츠 롬베르크와 독일의 신경학파로 분류되던 프리드리히, 에르프, 레이덴, 노트나겔, 오펜하임, 크뷘케, 슈트렘펠 등이 활약했다. 프랑스의 신경학은 개척자 기욤 벤자멩 뒤센느를 비롯해 파리 대학 병리해부학 교수인 장 마르탱 샤르코와 그의 제자들인 피에르 마리, 쥘 데즈렌, 조셉 바빈스키가 발전시켰다. 영국의 존 휴링스 잭슨, 미국의 실러스 위르 미첼 등이 유명했다.

피넬이 성 비세트르 병원에서 정신병 환자들의 쇠사슬을 풀어준 지 3년 뒤에 윌리엄 튜크가 정신병 환자를 인도주의적으로 치료하는 수용소를 영국의 요크에 설립했다. 이것을 계기로 정신과는 의학의 한 분야로 인정받았다. 초기 정신의학은 피넬의 제자 에스키롤, 앙트완 로랑 벨이 활약한 프랑스 학파가 주도했으나 빌헬름 그리싱어가 세운 업적 때문에 독일로 주도권이 넘어갔다. 에밀 크레펠린은 질병의 경과를 연구해 치매, 편집증, 조울증 등 정신병을 현대적으로 분류했다. 페러스는 작업요법을 도입했다.

프란츠 안톤 메스머는 동물자기론動物磁氣論을 주장했는데 이것은 강력한 암시를 사용한 정신요법의 원조라고 볼 수 있다. 그의 제자 퓌세귀르, 맨체스터의 제임스 브레이드, 프랑스의 리볼과 암시에 의한 체계적 심리치료를 개발한 베른하임, 살페트리에 학파 등은 최면술을 발전시켰다.

오스트리아의 프로이트는 정신분석의 창시자다. 파리와 낭시에서 당시에 새로운 정신요법인 최면술을 연구하고 빈으로 돌아온 그는 1893년에 요셉 브로이어와 함께 연구한 히스테리에 관한 논문에서 정신분석의 개념을 발표했다. 그 치료법으로 1889년에 샤르코의 제자 피에르 자네가 최초로 사용한 방법인 최면 상태에서의 카타르시스법을 제시했다. 점차 브로이어와 멀어지면서 최면술을 버린 프로이트는 나중에 심리학과 정신병리학을 포함하는 '정신분석'이라는 독특한 이론 체계를 세웠다.

칼 구스타프 융은 프로이트의 제자였지만 정신분석 이론에 반대해 독자적인 '분석적 심리학'을 제창했다. 그는 집단적 의식이라는 개념을 도입했고, 내성적, 외향적 성격을 분류했으며 정신분열증을 설명했다. 알프레드 아들러는 열등감의 개념을 도입한 프로이트의 제자였다.

19세기 중엽까지 수녀나 교육을 받지 않은 보조원들이 담당했던 간호학은 1836년 독일의 성직자 테오도르 플리드너가 최초로 카이저스베르트에 간호학교를 세우면서 전문화하기 시작했다. 영국에서는 플로렌스 나이팅게일이 1860년에 성 토머스 병원에 간호학교를 개설해 간호학의 중요성을 인식하게 했다.

위생 개혁과 사회의학의 발전

　19세기 유럽에서는 '위생 개혁 운동'이라고 부르는 공중위생을 중요하게 생각하는 사회의학적 경향이 나타났다.

　빈곤이 질병과 사망의 주요 원인이라고 주장한 프랑스의 비예르메는 의학 통계 분야의 선구자다. 그는 공중보건의 과학적 기초를 확립해 채드위크와 피르호에 영향을 주었다.

　영국의 채드위크는 「1842년 위생보고서」에서 빈곤보다는 비위생적 생활환경이 질병이 발생하는 첫째 원인으로 파악했다. 그래서 법과 제도 및 행정으로 위생 개혁을 추진했다.

　엥겔스는 '영국 노동자계급의 상태'에서 불결한 주거환경, 빈곤한 경제적 상태, 열악한 노동환경 등이 질병의 원인이 된다고 주장했다.

독일의 피르호는 복지의 일부로서 의료라는 개념을 도입해 국가가 시민의 건강을 책임져야 한다고 주장하며 1848년에 유명한 「실레지아 지방의 티푸스 유행에 관한 보고서」를 작성했다. 그는 솔로몬 노이만, 루돌프 로이부셔와 함께 의학 개혁을 주장하며 사회의학을 추구하기도 했다.

19세기 후반의 사회의학은 라이히와 페텐코포가 주도했다. 먼저 라이히는 『위생의 체계』라는 책에서 위생학의 이론 근거를 정립하려고 시도했다. 페텐코퍼는 독일 위생운동을 이끌었으며, 실험적 위생학의 기초를 세웠다. 페텐코퍼를 과학적 현대 위생학의 아버지라고 부른다.

이러한 위생 개혁 운동을 뒷받침한 이론은 사회 현상을 숫자로 나타내는 통계학이었다. 파아는 직업병의 사망률에 관해 우수한 업적을 남겼으며, 가이는 직업에 따른 건강 상태의 차이를 연구하는 등 영국의 보건 통계를 학문으로 정립했다. 프랑스에서는 라플라스와 포와송, 벨기에의 퀘틀레 등이 이 분야에서 활약했다.

19세기에 발달한 미생물학은 예방의학의 발전에 기여했다. 미국의 윌리엄 크로포드 고르가스는 파나마에서 황열병 예방을 위한 모기 박멸 사업에 성공했다. 로널드 로스는 말라리아 퇴치를 위한 모기 박멸 사업을 시도해 효과를 거두었다.

그 밖에도 1850년 이후에는 서유럽의 상하수도가 개선되었고, 1860년대에는 각 대학에 위생학 강좌들이 개설되었으며 1870년대에는 식품에 관한 법규가 제정되는 등 공중위생은

꾸준히 개선되었다. 한편으로는 의료비 지출이 증가함에 따라 정부 주도로 의료보험 제도가 나타나기 시작했다. 1864년에는 러시아의 일부 지방정부에서, 1884년에는 독일 정부에서 의료보험제도를 도입하기 시작했다.

19세기 중반에는 의사의 수가 너무 많아졌다. 그러자 의사의 수준을 유지하고 지나친 경쟁을 막기 위해 의학협회가 설립되기 시작했다. 1832년에 영국의학협회, 1847년에 미국의학협회, 1872년에 독일의학협회가 각각 설립되었다.

페텐코퍼

실험위생학의 창시자인 막스 폰 페텐코퍼는 1843년 뮌헨 의과대학을 졸업했다. 1847년에 뮌헨의 영양화학교실의 교수를 역임하고 1853년에 같은 대학의 위생학 교수가 되었다.

1879년 최초의 위생학연구소를 설립해 전염병 특히 콜레라와 장티푸스를 예방하기 위해 노력했다. 그는 전염병이 유행하는 이유는 환경에 따라 병원균의 독성이 강해졌기 때문이라는 파스퇴르의 학설에 대해 병원균, 썩은 유기물질 때문에 더러워진 습한 토양, 독성 물질 등이 모두 합쳐져 콜레라를 일으킨다고 주장했다. 또 병원균의 독성도 중요하지만 개체의 감수성도 전염병 유행의 요소가 된다고 했다. 페텐코퍼는 74살에 콜레라균을 마시는 실험을 하기도 했다.

그는 공기와 물 속의 이산화탄소를 측정하는 방법을 개발했다. 또 주택의 환기, 기압과 의복의 연관성, 토양과 주거의 관계를 연구했다. 뮌헨의 하수도 시설을 개량해 장티푸스를 박멸하는 실적을 올리기도 했다. 다재다능했던 페텐코퍼는 생리화학, 대사, 역학, 실험위생학 등의 분야에 걸쳐 많은 업적을 남겼다.

현대의학의 성립

제1차 세계대전 이후 의학의 중심은 유럽에서 신대륙으로 옮겨갔고 현대의학은 전자공학, 분자생물학, 면역학 등이 발전하면서 눈부시게 발전했다. 20세기 후반의 의학은 아직 정확한 평가가 이루어지지 않은 상태이므로 여기서는 20세기 초반에 많이 발전한 분야들을 살펴보자.

우선 내분비학에서는 1921년에 캐나다의 프레데릭 밴팅이 인슐린을 분리해 지금껏 불치병으로 여겨졌던 당뇨병의 예후를 완전히 바꾸어놓았다. 또한 미국의 켄달은 1914년에 갑상선호르몬, 1939년에는 부신피질호르몬을 분리해 내분비 질환의 임상 치료에 길을 열었다.

예방의학은 통계적으로 검증이 가능한 대규모 사업들이

시행되었다. 디프테리아, 백일해, 파상풍, 소아마비 등 예방 접종이 도입되었다. 또 황열, 말라리아, 기생충을 박멸하는 운동이 성과를 거두기 시작했다. 살충제가 발달해 말라리아와 발진티푸스를 예방할 수 있게 되었다. 1900년에 무렵에 그로트얀은 질병의 사회적 원인을 분석하는 사회병리학을 다시 주장해 사회의학의 개념을 확장했다.

새로운 물리적 진단법과 치료법의 발달도 의학이 발전하는 데 도움을 주었다. 1895년에는 뢴트겐이 엑스선을 발견했고, 1900년에 월터 캐넌은 조영제造影劑를 사용해 처음으로 위장관을 촬영했다. 1881년에는 폰 바슈가, 1896년에는 리바로시가 각각 혈압계를 발명했으며, 1903년에 아인토벤은 심전도검사를, 1929년에 베르거는 뇌파기록계를 발명했다.

생화학은 주로 영양학 분야에서 많이 발전했다. 독일의 유기화학자인 피셔는 여러 생체물질의 구조를 밝혀내고 페노바비탈을 합성하는 등 생체 안에서 물질합성에 관한 연구로 생화학의 기초를 확립했다. 20세기 초에는 비타민 연구가 활발하게 이루어졌다. 1913년에 비타민 A, 1916년에 비타민 B, 1922년에 비타민 D 등이 차례로 발견되었다. 비타민 연구 덕분에 특히 소아과가 많은 혜택을 입었다.

20세기 전반에 의학이 이룩한 가장 큰 업적은 화학요법의 발전이었다. 백혈구분류법을 확립해 현대 혈액학을 창설한 파울 에를리히는 생체염색 연구를 통해 특정한 약제와 특정한 세포 사이에는 특별한 결합력이 존재한다는 측쇄설을 주장했다. 1910년에 살발산(606호)과 네오살발산을 개발해 최초로 매독의 특효약을 만들었다. 게르하르트 도마크는 1935년 설폰아마이드를 개발했으며, 1939년에는 플로리와 체인이 플레밍이 발견한 페니실린을 실용화해서 항생제를 감염증 치료에 사용하기 시작했다. 그 뒤 스트렙토마이신, 오레오마이신, 클로로마이세틴 등이 개발되었다.

면역학에서는 1902년에 테오발드 스미스, 1903년에 샤를 리시가 아나필락시스 현상을 보고했다. 1903년에 클레멘스 폰 피르케는 알러지라는 표현을 처음으로 사용했다.

암이나 고혈압, 세균학과 내분비학 등에 관한 지식이 증가하고 평균 수명이 늘자 노인의학이 발전했다. 1916년에는 미국의 내셔가 처음으로 노인의학이라는 용어를 사용했다.

칼 란트슈타이너는 1901년에 ABO식 혈액형, 1940년에는 Rh식 혈액형을 발견해 외과 수술의 안전성을 높였다. 마취법과 마취술 그리고 혈액형의 발견은 외과가 더욱 발달하는 계기가 되었다.

1882년에 폴라니니가 기흉법을 도입한 뒤 자우어브루흐 등이 폐장외과를 새로운 전문과목으로 성립했다. 그로스, 그래푸르트 및 블래일록 등이 활약한 심장외과가 1940년 폐장외과와 통합되어 오늘날 흉부외과가 되었다.

신경외과는 19세기에 이미 뇌수술을 시행한 허슬리와 맥퀸의 전통을 이은 하비 쿠싱과 월터 댄디의 활약으로 의학의 한 분야로 독립했다. 또 1960년대에는 머레이, 햄버거, 슈토

르체 등이 처음으로 신장이식을 했으며, 그 결과 장기이식수술이 발전했다. 장기이식의 영향으로 뇌사가 사망의 판단 기준이 되었다.

한편 분자 수준에서 질병의 원인을 파악한 분자병리학의 기원은 아치볼트 개럿의 '선천성 대사이상'에 관한 연구라고 볼 수 있다. 20세기 들어 유전학과 생화학의 결합으로 많은 질병의 원인들을 설명할 수 있게 되었다. 질병을 분자생물학으로 치료하기 위해 유전자 치료를 시도하기도 했다.

참고문헌

리차드 해리슨 슈라이옥, 이재담 옮김, 『근세 서양의학사』, 디엘
    컴, 2002.

이재담, 『의학의 역사』, 광연재, 2004.

Erwin H. Ackerknecht, 『A Short History of Medicine』, Johns
    Hopkins Press, 1982.

Fielding H. Garrison, 『History of Medicine 4th Edition』, W. B.
    Saunders Company, 1966.

Henry E. Sigerist, 『The Great Doctors』, Dover, 1931.

서양 의학의 역사

펴낸날	초판 1쇄 2007년 1월 25일
	초판 3쇄 2015년 10월 30일

지은이	이재담
펴낸이	심만수
펴낸곳	(주)살림출판사
출판등록	1989년 11월 1일 제9-210호

주소	경기도 파주시 광인사길 30
전화	031-955-1350 팩스 031-624-1356
기획·편집	031-955-4671
홈페이지	http://www.sallimbooks.com
이메일	book@sallimbooks.com

ISBN	978-89-522-0603-9 04080

126 초끈이론 아인슈타인의 꿈을 찾아서 `eBook`

박재모(포항공대 물리학과 교수) · 현승준(연세대 물리학과 교수)

빠르게 발전하고 있는 초끈이론을 일반대중이 이해할 수 있도록 쉽게 풀어쓴 책. 중력을 성공적으로 양자화하고 모든 종류의 입자와 그들 간의 상호작용을 포함하는 모형으로 각광받고 있는 초끈이론을 설명한다. 초끈이론을 이해하기 위해 필요한 양자역학이나 일반상대론 등 현대물리학의 제 분야에 대해서도 알기 쉽게 소개한다.

125 나노 미시세계가 거시세계를 바꾼다 `eBook`

이영희(성균관대 물리학과 교수)

박테리아 크기의 1000분의 1에 해당하는 크기인 '나노'가 인간 세계를 어떻게 바꿔 놓을 것인지에 대한 해답을 제시하는 책. 나노기술이란 무엇이고 나노크기의 재료들은 어떻게 만들어지는가, 나노크기의 재료들을 어떻게 조작해 새로운 기술들을 이끌어내는가, 조작을 통해 어떤 기술들을 실현하는가를 다양한 예를 통해 소개한다.

448 파이온에서 힉스 입자까지 `eBook`

이강영(경상대 물리교육과 교수)

누구나 한번쯤 '우주는 어디에서 시작됐을까?' '물질의 근본은 어디일까?'와 같은 의문을 품어본 적은 있을 것이다. 물질과 에너지의 궁극적 본질에 다가서면 다가설수록 우주의 근원을 이해하는 일도 쉬워진다고 한다. 이 책은 바로 이러한 질문들의 해답을 찾기 위해 애쓰는 물리학자들의 긴 여정을 담고 있다.

035 법의학의 세계 `eBook`

이윤성(서울대 법의학과 교수)

최근 드라마나 영화를 통해 일반인의 호기심을 자극하고 있지만 거의 알려지지 않은 법의학을 소개한 책. 법의학의 여러 분야에 대한 소개, 부검의 필요성과 절차, 사망의 원인과 종류, 사망시각 추정과 신원확인, 교통사고와 질식사 그리고 익사와 관련된 흥미로운 사건들을 통해 법의학에 대한 이해를 돕는다.

395 적정기술이란 무엇인가

김정태(적정기술재단 사무국장)

적정기술은 빈곤과 질병으로부터 싸우고 있는 전 세계의 사람들에게 희망을 안겨주는 따뜻한 기술이다. 이 책에서는 적정기술이 탄생하게 된 배경과 함께 적정기술의 역사, 정의, 개척자들을 소개함으로써 적정기술에 대한 기본적인 이해를 돕고 있다. 소외된 90%를 위한 기술을 통해 독자들은 세상을 바꾸는 작지만 강한 힘이란 무엇인가에 대해서 알 수 있을 것이다.

022 인체의 신비

이성주(코리아메디케어 대표)

내 자신이었으면서도 여전히 낯설었던 몸에 대한 지식을 문학, 사회학, 예술사, 철학 등을 접목시켜 이야기해 주는 책. 몸과 마음의 신비, 배에서 나는 '꼬르륵' 소리의 비밀, '키스'가 건강에 이로운 이유, 인간은 왜 언제든 '사랑'할 수 있는가에 대한 여러 학설 등 일상에서 일어나는 수수께끼를 명쾌하게 풀어 준다.

036 양자 컴퓨터

이순칠(한국과학기술원 물리학과 교수)

21세기 인류 문명에서 가장 중요한 요소 중의 하나로 꼽히는 양자 컴퓨터의 과학적 원리와 그 응용의 효과를 소개한 책. 물리학과 전산학 등 다양한 학문적 성과의 총합인 양자 컴퓨터에 대한 이해를 통해 미래사회의 발전상을 가늠하게 해준다. 저자는 어려운 전문용어가 아니라 일반 대중도 이해가 가능하도록 양자학을 쉽게 설명하고 있다.

214 미생물의 세계

이재열(경북대 생명공학부 교수)

미생물의 종류 및 미생물과 관련하여 우리 생활에서 마주칠 수 있는 여러 현상들에 대해, 알기 쉽게 풀어 설명한다. 책을 읽어나가며 독자들은 미생물들이 나름대로 형성한 그들의 세계가 인간의 그것과 다름이 없음을, 미생물도 결국은 생물이고 우리와 공생하고 있다는 사실을 알 수 있을 것이다.

375 레이첼 카슨과 침묵의 봄　　eBook

김재호(소프트웨어 연구원)

『침묵의 봄』은 100명의 세계적 석학이 뽑은 '20세기를 움직인 10권의 책' 중 4위를 차지했다. 그 책의 저자인 레이첼 카슨 역시 「타임」이 뽑은 '20세기 중요인물 100명' 중 한 명이다. 과학적 분석력과 인문학적 감수성을 융합하여 20세기 후반 환경운동에 절대적 영향을 준 레이첼 카슨과 『침묵의 봄』에 대한 짧지만 알찬 안내서.

277 사상의학 바로 알기　　eBook

장동민(하늘땅한의원 원장)

이 책은 사상의학이라는 단어는 알고 있지만 심리테스트 정도의 흥밋거리로 알고 있는 사람들에게 바른 상식을 알려 준다. 또한 한의학이나 사상의학을 전공하고픈 학생들의 공부에 기초적인 도움을 준다. 사상의학의 탄생과 역사에서부터 실생활에서 적용할 수 있는 간단한 사상의학의 방법들을 소개한다.

356 기술의 역사 맨석기에서 유전자 재조합까지

송성수(부산대학교 기초교육원 교수)

우리는 기술을 단순히 사물의 단계에서 생각하기 쉽다. 하지만 기술에는 인간의 삶과 사회의 배경이 녹아들어 있다. 기술의 역사를 통해 우리는 기술과 문화, 기술과 인간의 삶을 연결시켜 생각할 수 있게 될 것이다. 이 책을 읽은 후 주변에 있는 기술을 다시 보게 되면, 그 기술이 뭔가 다른 느낌으로 다가올 것이다.

319 DNA분석과 과학수사　　eBook

박기원(국립과학수사연구소 연구관)

범죄수사에서 유전자분석에 대한 관심이 커지고 있지만 간단하게 참고할 만한 책은 거의 없는 실정이다. 이 책은 적은 분량이지만 가능한 모든 분야와 최근의 동향을 소개하고 있다. 특히, 내용의 이해를 돕기 위하여 서래마을 영아유기사건이나 대구지하철 참사 신원조회 등 실제 사건의 감정 사례를 소개하는 데도 많은 비중을 두었다.

eBook 표시가 되어있는 도서는 전자책으로 구매가 가능합니다.

㈜살림출판사
www.sallimbooks.com
주소 경기도 파주시 문발동 522-1 | 전화 031-955-1350 | 팩스 031-955-1355